吉田茂の自問

敗戦、そして報告書「日本外交の過誤」

小倉和夫
前フランス大使

藤原書店

吉田茂の自問／目　次

第四章　日独伊三国同盟　131

第五章　日ソ中立条約　145

第六章　南方進出　161

第七章　日米交渉　175

吉田茂の自問

敗戦、そして報告書「日本外交の過誤」

プロローグ

日中戦争、日米開戦、原爆投下とソ連の参戦、そして全面降伏——こうした一連の悲劇は、「歴史の必然」という名前の作家が書いた、運命のドラマであったのか。

仮にそうだとしても、個々の場面場面で、脚本家、演出家、そして俳優たちは、ドラマの進行を止め、あるいはドラマの筋書きを相当変えてしまうことは可能であったのではないか。

それにこの悲劇は、「軍部の暴走」という舞台装置だけで演じられた訳ではない。

戦争は常に軍略であると同時に外交の所産である。

そうとすれば、戦争の悲劇における外交のあり方、その是非が問われねばなるまい。

二〇〇三年四月、五十年の眠りからさめて外務省によって公表された文書「日本外交の過誤」は、まさに、悲劇の進行をとめられなかった、日本外交の誤りを分析している。しかも、その分析作業は、さかのぼることわずか十年か十五年前の「先輩」のやったことを、若手の政策担当者が、極めて率直に批判したものである。

しかし、この文書の真の「今日的価値」は、この一連の作業が、時の首相、吉田茂の直接の指示に基づいて行なわれたことにある。

とりわけ、当時、吉田自身が、講和条約を目前に控え、日本の戦後の運命の分岐点に立って、過去を見つめ直し、将来への展望を熟慮すべき立場に立っていたことを想起しなければならない。

その意味で、この文書（以下「調書」と呼ぶ）は、歴史的文書と云って過言ではない。そして、「調書」は、あらゆる歴史的文書がそうであるように、現在の問題を解くための鍵を提供している。

現在の問題とは何か。

米英主導の国際秩序は、果して真に公平なものであるのか、その秩序を守る側に日本が立つとすれば、その反対側にいるのは果してテロ集団と「悪の枢軸」だけなのか。日米同盟の意味は時代とともに変わってきており、その機能も変わらざるを得ないものなのか。同盟における真の信頼とは何なのか。中国のナショナリズムは、日本にとり、また国際社会にとり、警戒すべきものなのか、それとも中国をして大国の責任を果させ、国際社会の安定に寄与してもらうために、ナショナリズムはむしろ良き触媒となり得るのか。ロシアは今や民主国家として、真に我々のパートナーとなる国家に成長したのか。その時、ロシアと日本が、「同じアジア人」として協力することは可能なのか――いくつもの問いが、日本の前につきつけられている。

こうした問いに応えるためにも、そして、過去の過ちが未来の失敗につながらないようにするためにも、「日本外交の過誤」をかみしめねばならないのではあるまいか。

本書に登場する主な外務省関係者の略歴（五十音順）

有田八郎（ありた・はちろう／一八八四〜一九六五年）一九二七年外務省アジア局長、三三年ベルギー大使、三六年外務大臣、一九四〇年外務大臣再任、戦後公職追放、五三年衆議院議員当選。

石射猪太郎（いしい・いたろう／一八八七〜一九五四年）一九二九年吉林総領事、三七年外務省東亜局長、四〇年ブラジル大使、四三年ビルマ大使。

石井菊次郎（いしい・きくじろう／一八六六〜一九四五年）一九一二年フランス大使、一五年外務大臣、一六年枢密顧問官。

宇垣一成（うがき・かずしげ／一八六八〜一九五六年）一九二三年陸軍次官、二四年陸軍大臣、三一年朝鮮総督、三八年外務大臣。

内田康哉（うちだ・こうさい／一八六八〜一九三六年）一九二六年ソ連大使、二八年外務大臣、四一年満鉄総裁、四二年外務大臣。

大島　浩（おおしま・ひろし／一八八六〜一九七五年）一九二八年陸軍中将、三八年ドイツ大使、A級戦犯終身刑。

大橋忠一（おおはし・ちゅういち／一八九三〜一九七五年）一九四〇年外務次官、戦後公職追放、五九年カンボジア大使。

加瀬俊一（かせ・としかず／一九〇三年〜　）一九四三年外務大臣秘書官、戦後公職追放、四八年ユーゴ大使、五五年国連大使。

川越　茂（かわごえ・しげる／一八八一〜一九六五年）一九二五年吉林総領事、三六年中華民国大使。

小村寿太郎（こむら・じゅたろう／一八五五〜一九一一年）一八九六年外務次官、九八年アメリカ公使、一九〇〇年ロシア公使、〇六年外務大臣、同年イギリス大使。

斎藤鎮男（さいとう・しずお／一九一四〜一九九八年）一九四九年外務省政務局政務課長、五三年国連局長、六四年インドネシア大使、六七年オーストラリア大使、七三年国連大使。

佐藤尚武（さとう・なおたけ／一八八二〜一九七一年）一九三三年フランス大使、三七年外務大臣、四二年ソ連大使、四九年衆議院議長。

佐分利貞男（さぶり・さだお／一八七九〜一九二九年）一九二五年外務省通商局長、二九年中国公使。

沢田廉三（さわだ・れんぞう／一八八八〜一九七〇年）一九三八年外務次官、三九年フランス大使、四三年ビルマ大使、四四年外務次官、五四年国連日本政府代表部代表。

重光　葵（しげみつ・まもる／一八八七〜一九五七年）一九二九年上海総領事、三三年外務次官、三六年ソ連大使、三八年英国大使、四三年外務大臣、A級戦犯禁固七年。

幣原喜重郎（しではら・きじゅうろう／一八七二〜一九五一年）一九一四年オランダ公使。一五年外務次官、一九年アメリカ大使、二四年外務大臣、二九年外務大臣再任、四五年内閣総理大臣。

白鳥敏夫（しらとり・としお／一八八七〜一九四九年）一九三〇年外務省情報部長、三三年スウェーデン大使、三八年イタリー大使、A級戦犯。

杉村陽太郎（すぎむら・ようたろう／一八八四〜一九三九年）一九二六年国際連盟帝国事務局長、二七年国際連盟事務局次長、三四年イタリー大使、三七年フランス大使。

須磨弥吉郎（すま・やきちろう／一八九二〜一九七〇年）一九三三年南京総領事、三九年外務省情報部長、三八年スペイン公使、戦後公職追放。

東郷茂徳（とうごう・しげのり／一八八二〜一九五〇年）一九三三年欧米局長、三七年ドイツ大使、三

八年ソ連大使、四一年外務大臣、四五年外務大臣再任、A級戦犯。

豊田貞次郎（とよだ・ていじろう／一八八五〜一九六一年）一九四〇年海軍次官、四一年外務大臣、後日本製鉄社長。

野村吉三郎（のむら・きちさぶろう／一八七七〜一九六四年）一九三三年海軍大将、三七年学習院院長、三九年外務大臣、四〇年アメリカ大使。

林久治郎（はやし・くじろう／一八八二〜一九六四年）一九二八年奉天総領事、三二年ブラジル大使。

広田弘毅（ひろた・こうき／一八七八〜一九四八年）一九二三年外務省欧米局長、三〇年ソ連大使、三三年外務大臣、三六年総理大臣、A級戦犯。

藤崎万里（ふじさき・ばんり／一九一四年〜　）一九五〇年政務局政務課長、六〇年シアトル総領事、六八年オランダ大使、七二年タイ大使。

堀田正昭（ほった・まさあき／一八八三〜一九六〇年）一九二六年外務省欧米局長、三四年スイス大使、三七年イタリー大使、四〇年中華民国派遣特別顧問。

堀内謙介（ほりうち・けんすけ／一八八六〜一九七九年）一九二三年五月島総領事、三三年アメリカ局長、三六年外務次官、三八年アメリカ大使、五五年中華民国大使。

松岡洋右（まつおか・ようすけ／一八八〇〜一九四六年）一九二二年外務大臣秘書官、三五年満鉄総裁、四〇年外務大臣、A級戦犯。

芳沢謙吉（よしざわ・けんきち／一八七四〜一九六五年）一九二〇年アジア局長、三〇年フランス大使、三二年外務大臣、四一年在ハノイ大使。

吉田　茂（よしだ・しげる／一八七八〜一九六七年）一九二五年奉天総領事、二八年外務次官、三六年イギリス大使、四六年総理大臣、四八年総理大臣再任、四八年十月から五二年四月まで外務大臣を兼任。

序章　日本の生きる道を求めて

箱根の吉田首相の指示

一九五一年一月——吉田茂は、月末に日本を訪問する予定のジョン・F・ダレス特使との講和条約に関する交渉方針を練っていた。

戦後ほどなくして、遠縁の武見太郎に、「戦争で敗けて外交で勝った歴史はある」と豪語した吉田は、来るべき日米会談で、アメリカ側が日本に要求してくる最大のポイントは、日本の再軍備であることを十分意識していた。

しかし、吉田は、信念として、日本の安易な再軍備には反対であった。

「経済の復興を先行させねばならない」、あるいは、「近隣諸国の反対を刺激する」——再軍備反対への論理はいくつか存在した。しかし、アメリカの攻勢に対する最大の砦は、日本国民の意思でなければならなかった。再軍備はしない——そう日本国民が固く決意している以上、それをくつがえすことはできない。

しかし、その決意が真に堅固たるものであるには、軍部の暴走を許した過去の反省が深く鋭いものでなければならなかった。

吉田茂の頭と心を支配していたこうした思いが契機となったのであろうか、一九五一年一月中旬、時の外務省政務局政務課長斎藤鎮男は、突然吉田から、ある指示を受けた。

その時のことを斎藤は、次のように述懐している。(1)

昭和二十六年（一九五一年）一月上旬の某日、夜遅く帰宅してみると、当時政務局政務課長の職にあった私は、翌日箱根の別荘に吉田首相を訪ねその指示を仰ぐようにとの、松井明総務課長からの連絡を受けとった。その連絡によれば、首相は何か述べておきたいことがあるので、若い課長を一人選んで自分のもとによこすようにとのことであった。

翌早朝、箱根に着いて別荘の呼び鈴を押すと、驚いたことには、和服にくつろいだ姿の吉田さん自身が出迎えてくれた。数人の人が招かれているものとばかり思っていたのに私一人と知って、若かった私は心臓の止まる思いであった。

「よく来てくれたね」そういって吉田さんは私を小部屋に通された。そこにはこたつが置いてあり、首相は私に片方の席をすすめ、自分は反対側に座られた。二人だけである。確か猫が一匹いたように思う。

やがて年配の婦人がお茶を運ぶと、間もなく立ち去った。すると首相は待ちかねたように口を開いた。

「自分はいま二度目の総理をつとめているが、最初のときは仕事に追われて落ち着いて外交のことを考える暇などなかったが、このごろ余裕ができたので、かねて自分が心にかけていたことを実行に移したいと思う。

（中略）

日本外交は、満州事変、支那事変、第二次世界大戦というように幾多の失敗を重ねてきたが、今こそこのような失敗の拠ってきたところを調べ、後世の参考に供すべきものと思う。これらの時代に外交に当たった先輩、同僚の諸君がまだ健在の間に、その意見を聞いておくのもよいだろう。以上のようなことを、上司とではなく君たち若い課長の間で研究を行ない、その結果を報告してもらいたい」

吉田首相は、長い間考えていたのであろう、以上のことを淡々と語り終わると、ホッとしたように、黙って書きとっていた私の顔をじっと見た。そして、「ご苦労さん」と言ってニコニコ顔で私を再び玄関まで見送りにでた。

斎藤と彼の同僚たちは、約三ヶ月の日時を費して、満州事変以来の日本外交の歩みを検証し、どこに誤りがあったかについての意見をとりまとめた。

その結論は、「日本外交の過誤」と名づけられた、五〇頁ほどの「調書」にまとめられた。

日本外交の過誤

この調書は、満州事変から終戦までの外交を、大きく八つの段階に分け、満州事変から支那事変（日中戦争）、三国同盟、仏印進駐、日米開戦、そして終戦までの各過程における外交活動を簡潔にのべるとともに、各々の時期での外交当局の認識や政策措置の誤りやその原因について論評している。最後に「調書」は結論部分を設け、日本外交の過ちのよってきた一般的理由についてのべ、今後のあり方を論ずる。

加えて、この「調書」には、外務省の幹部、とりわけ、批判の対象となった時期に重要なポストをしめていた人々で、なお（当時）存命中の人々にインタビューを試みた結果のコメント集が付属している。

さらに、興味深いことは、この「調書」には、いわば、その土台となった「作業ペーパー」が存在することである。この「作業ペーパー」は、「調書」に比べると、事実関係の記述がやや詳しく、また、事実関係と批判とを一応分離して書いているため、批判の部分が、「調書」に比べるとややきつく感じられる箇所も存在する。

他方、「調書」は、「作業ペーパー」を基にしながらも、ほとんど一人の人物がとりまとめた体裁があり、それだけに、時として、感情がこもり、やや文学的と思われる表現すら用いられているのが特徴である。

全体として見ると、この「調書」やコメントや「作業ペーパー」は、過去の誤りの検証であると同時に、明日の日本の生き方を模索するための海図でもある。

検証の今日的意味

今日、いわゆる平和憲法の改正や、自衛隊の海外派遣の是非、あるいは集団的自衛権についての議論が盛んである。

いかなる事柄もタブーをのりこえて議論されること自体は健全なことである。

しかし、今日、過去とは違ったもう一つのタブーが、静かに、しかし、深く広がっていないか。

そのタブーは、日本の過去の反省に基づく理想主義的な平和外交の理念である。多くの識者が、現実主義を説き、世界の変化を説き、日本の国際的役割を説く。

知的議論が、政策論に近づけば近づくほど知的な理想主義は放置され、現実主義的戦略論は主座を占める。

しかし、吉田茂が考え抜いた日本外交の基本路線は、極めて現実的な考慮に基づくと同時に、過去の反省に基づく理念と理想をなおざりにしないものであった。

現実的対応という合言葉のうちに、理念と理想が失なわれるようなことがあれば、実はそれこそ、第二次大戦前の外交の誤りをくり返すことになりかねまい。なぜなら、満州事変以来の日本外交の誤りは、「そうは云っても現実の軍部の力を考慮すれば、しかじかの選択はあり得ない」、あるいは、「現実の中国の情勢を考えれば、武力に頼るのも止むを得ない」——そうした、「現実」との妥協のつみ重ねの結果であったからである。

今日、右の文章の「軍部」を他の言葉に代え、「中国の情勢」を別の国の情勢と入れかえれば、今日においても、戦前と同じような論理がまかり通っていると感じる人々も少なくないのではなかろうか。「それしか現実に選択肢はないのだ」――この言葉は、感情に走らず、冷静な計算と戦略によって物事をきめるべきことを諭す上では、最上の殺し文句である。

しかし、この殺し文句こそ、日本を日米開戦に追いやり、あの戦争の悲劇をひきおこした時に最も使われた文句であったことも忘れてはなるまい。

理念と計算、理想と現実の間にあって、どのような外交的選択が可能であり、またどのような勇気とどのようなひるみが、どのような結果をもたらしたのか――それが、「日本外交の過誤」なる「調書」を本書で検証してみる真の目的である。

（1）　斎藤鎮男『外交』サイマル出版会、一九九一年、一三～一四頁。

日本外交の過誤

昭和二十六年四月十日

日本外交の過誤

目　次

＊編集部注　目次の数字は史料のまま。

編集部注

本史料の再現にあたっての方針は次の通り。
一、平仮名と片仮名の拗促音は現行の表記とした（例　原文／待つた→待った）。
一、旧字・正字体の漢字は新字体とした（例　原文／近衞→近衛）
一、あるべき表記に関して諸説ある「滿洲」は「滿洲」のままとした。
一、史料における誤記と思われる箇所にはママのルビを付した。
一、使用した史料（活字）には手書きの修正が見られるが、その修正を［　］で括って紹介した。手書きの修正は堀田正昭大使によるものと考えられる。
一、右記手書き修正によって元の活字が判読できなくなっている場合は手書き修正のみを［　］で括って再現した。
一、本書著者による史料への注釈は＊、＊＊、の注番号で示し各史料末尾に記述した。
一、本書編集部による補いは〔　〕で括った小活字で表した。
一、右記以外は史料のままとした。

日本外交の過誤

満洲事変以来の対外進出政策は、ついに敗戦という今日の悲運に日本をおとしいれた。何事が起るにも起るだけの原因があるのであり、そしてその起ったことが又原因となって次の果を生むというような見方からすれば、満洲事変の勃発以来、太平洋戦争における敗戦に至るまでの一連の事象も、いわば必然の運命であったとも見られよう。又、その時々の当事者の立場からすれば、当時の情勢の下においては、それがなしうる最善のことであった、それ以外に道はなかったという弁明も成り立つ場合もあろう。しかし、今日の結果からすれば、この期間における日本の対外策は、大局的にいって、作為又は不作為による過誤の連続であったということにならざるをえない。又、今日の悲運は結局避け難かったとしても、一々の事案について今日の眼でこれを見れば、外にやりようがなかったともいい切れない場合が少くない。

このような立場において、満洲事変以来日本が歩いて来た道をふり返り、外交的見地から反省して見ることとしたい。

附・対外関係重要事件年表

＊この年表は史料「日本外交の過誤」に付属するものである。〔 〕内は編集部が補った。行の空け方は史料のままとした。今日広く認められている呼称や日付と異なる部分も史料のままとした（年と月における齟齬はない）。

内閣及び外務大臣氏名

昭六・四・一四	若槻内閣、幣原〔喜重郎〕
一二・一三	犬養内閣、芳沢〔謙吉〕
昭七・五・二六	斎藤内閣、内田〔康哉〕
昭八・九・一四	広田〔弘毅〕
昭九・七・八	岡田内閣、
昭一一・三・九	広田内閣、有田〔八郎〕
昭一二・二・二	林内閣、佐藤〔尚武〕
昭一二・六・四	近衛内閣、広田〔弘毅〕（第一次）
昭一三・五・二六	宇垣〔一成〕
一〇・二九	有田〔八郎〕
昭一四・一・五	平沼内閣、

重要事件

昭六・九・一八	満洲事件
昭七・一・二八	第一次上海事件
九・一五	日満議定書調印（満洲国承認）
昭八・三・二七	連盟脱退を通告
昭九・一二・二九	ワシントン軍縮条約廃棄通告
昭一〇・三・二三	北満鉄道譲渡協定調印
昭一一・一・一五	ロンドン軍縮会議脱退
一一・二五	日独防共協定調印
昭一二・七・七	蘆《ママ》溝橋事件（九・二　支那事変と呼称）
八・一三	第二次上海事件
一一・六	日独伊防共協定調印
昭一三・七・一二	張鼓峰事件
昭一四・五・一一	ノモンハン事件

八・三〇	阿部内閣、野村〔吉三郎〕
昭一五・一・一六	米内内閣、有田〔八郎〕
七・二二	近衛内閣、松岡〔洋右〕（第二次）
昭一六・七・一八	近衛内閣、豊田〔貞次郎〕（第三次）
一〇・一八	東條内閣、東郷〔茂徳〕

七・二六	米、日米通商航海条約破棄通告
八・二三	独ソ不侵略条約調印
九・一	独軍波蘭進撃（九・三　英仏、対独宣戦）
昭一五・三・三〇	新支那中央政府成立
六・一〇	伊、対英仏宣戦
九・二三	北部仏印進駐
九・二七	日独伊三国条約調印
昭一六・四・一三	日ソ中立条約調印
六・一七	日蘭印交渉打切り
六・二二	独ソ開戦
七・二二	仏印の共同防衛に関する日仏話合妥結
七・二八	米対日資金凍結
七・二九	我軍南部仏印進駐
一二・八	対米英宣戦

第一章　満州事変、国際連盟脱退

満州事変の地響き

フト目に映った朝刊のニュース

一九三一年九月十九日の朝、駒込の六義園の広々とした庭を眺める家の居間で、時の外相、幣原喜重郎は、朝食をとりながら、新聞に目を通していた。

満州（中国東北地方）の奉天（今の瀋陽）郊外の柳条溝で日本と中国の軍隊が小ぜりあいを演じた……数行の記事を見て、幣原は、ハッとした。幣原には予感があった。満州で日本軍が何事か密かに画策しているのではないか――そうした噂を耳にしていた。現に、ごく最近、南陸軍大臣に対して、「満州では物騒な噂が伝っているが……」と問いただしたばかりであった。[1]

幣原はすぐ外務省に電話した。

奉天総領事館からの電報があると云う。

十八日午後十時半満鉄本線柳条溝《ママ》（当地北大営附近）附近の鉄道を爆破せるものあり。シナ兵の処置なるやにて我が守備隊の出動を見、北大営附近に於て日支交戦中なりと警察報告に接す。不取敢（午後十一時）[2]〔原文は片仮名〕

これは容易ならぬことだ――幣原は、朝食を中断して外務省に出向き、電報をすっかり調べた後、首相官邸にかけつけて、事態を報告し、すぐ臨時閣議が召集された。

警戒と油断

朝刊を見てからの外相の反応は、このように素速かった。

しかし、奉天総領事からの電報は、十九日早朝には届いていたはずである[3]。

満州における日本軍と中国軍の衝突という重要な事件についての電報が、東京の外務省に届いてから何時間も放置され、外務大臣が新聞で事件を知って自ら役所に電話をかけて事実を確認したというのも呑気な話である。

もっとも電報が朝早く着いたので、すぐさま外務大臣をたたきおこす訳にもゆかなかったのかもしれない。

しかし、現地の対応はどうだったのか。

十八日夜、事件当時、林久治郎総領事は、邦人の通夜に出席していたが、その通夜が清元の歌曲を

伴う供養であったため、官舎からの緊急連絡後もしばらくとどまり、清元が一段落してから官舎に戻ったという。(4)

邦人の御通夜とあれば、三十分や小一時間官舎への帰館が遅れたのも止むを得ないところかもしれないが、事件発生の電報が、翌朝になるまで発電されなかったことは、事実確認に多少時間がかかったにしても、いささかいただけない。

そもそも当時の関係者の話を総合すると、奉天総領事館の人々は、満州の日本軍、いわゆる関東軍の幹部にいろいろ不穏な言動があることに気づいていたのであって、事件の発生は、相当程度予期されたものであった。従って、事件発生とともに間髪をいれずに第一報を報告することはそれほど難しいことではなかったと考えられる。

それにもかかわらず、初動操作にいささかもたつきがあったのは、総領事館はじめ、外務当局には、関東軍もまさか全面対決のような事態はひきおこすまいという、油断があったのではなかろうか。

油断ということになると、外務当局よりも東京の陸軍の対応は正にすきだらけであった。

臨時閣議が招集された際、肝心の陸軍大臣も、正確な事実を把握するため参謀本部と関東軍に連絡するというだけであり、一両日経ってからようやく閣議に報告するという始末であった。

その間、中国は、事件をいち早く国際連盟に提訴したが、日本の現地の代表部は、事実が分らず、東京からの連絡がないまま数日間を無為に過ごさなければならなかったのである。

関東軍の暴走は止め得なかったか

事件発生直後の対応はともかくとして、そもそも、満州事変は止め得なかったのであろうか。関東軍が何か不穏な動きをしていることは、多くの人々の知るところになっており、満州における日本と中国との対立は、父親張作霖を日本軍によって殺された息子の張学良の排日工作を初めとして、日に日に激しくなりつつあった。情勢は切迫し、日本の満州における収益はおびやかされていた。従って、満州事変を止め得たかどうかという設問は、このような切迫した情勢に至る前に何とか手をうてなかったのか、ということになる。

この問いに対して、「調書」は先ず、常識的答えを云う。

すなわち、

> 満洲事変の根本原因は、一つに、日本国内で、深刻な経済不況と政党政治への不満に根ざす、「国家革新」勢力の台頭があったからであり、他の一つは、中国において激しい排日の動きがあったからであって、「そのよって来るところ遠く、かつ深い」

と、云うのである。

云いかえれば、このように根の深い原因を持つ以上、満州事変の発生を、事前の外交努力によって止めることは、ほとんど不可能であった、と云うのである。

この回答を一旦是認しながらも「調書」は、さればと云って当時の日本に武力進出策以外に道がなかったとも云えない、と切り返す。

そして、当時の外務当局は、満州事変前の内外情勢の行詰りを打開しようとする「積極性にとぼしかった」と批判する。

されば、具体的にどうすればよかったのか。「調書」は、その点については何もふれていない。

だからこそ、中国問題にも見識を持ち、後にイタリー大使となった堀田正昭は、「調書」に対するコメントの中で、関東軍は、東京の軍首脳の云うことすら聞かぬ有様で、勝手なことをしており、外務省のできることはほとんどなかったのではないか、との趣旨をのべているのである。

外交交渉でやり得たことは？――満鉄並行線交渉

堀田の云う如く、外務当局のやり得ることは限られていたとしても、やり得ることは本当になかったのであろうか。

例えば、満州の軍閥の雄であり、満鉄の力を削ぐため中国側で満鉄の並行線を建設すべしと主張していた張学良と満鉄並行線問題について、もっと腹を割った話をできなかったのであろうか。

この問いに答えるためには、幣原外相時代の対中国交渉方針を考察しなければならない。

当時の日本の方針は、第一に、ハルピン―洮南間、あるいは長春―鄭家屯間など、在来線と満鉄主要駅を結ぶ線で、満鉄に並行する形となるものは、「その建設を阻止するために、全《あら》ゆる手段を執る」

ことであった。(5)

同時に、中国側に協力する姿勢を示すため、満鉄に致命的影響を与えない線については、中国側の建設に援助を与える、という方針であった。

この基本方針を今日の時点からふり返ると、「満鉄並行線阻止のため全《あら》ゆる手段をとる」という強硬な立場は、軍部から見れば、軍事力に訴えても……という論理を含むことは当然であったと考えられる。

従って、満鉄の収益確保を至上命令とするのであれば、その実現のため、軍事的圧力以外に当時の外交当局として打ち得る有効な手段があったかどうかが問題となる。

一つの可能性は、満州の雄、張学良の活用である。

張学良にしてみれば、南京の蒋介石に完全に屈服し、満州における独自の立場を全く喪失することは耐え難く、他方、日本と全面的に対決し、日本軍の力で満州から完全に追われてしまうことも元より受け入れ難かったはずである。従って、張学良と政治的話をつけることは、必ずしも不可能ではなかったはずである。

現に当時、日本側には、張学良と腹を割った話をする考えも当然存在した。

しかし不幸にして、満州全土を張学良は掌握しきれるような状態になかったのみならず、張学良の背後には中央（南京の国民党政権）がいた。

ナショナリズムの高揚を以って、北伐、及び日本との対抗の楯としようとしていた蒋介石にとって、張学良が勝手に日本側と取引することは許し得なかった。

加えて、そもそも中国側が、満鉄並行線を建設しようとしたのは、満州を日本の政治的、経済的、軍事的支配から徐々に解放するための方策としてであった。

云いかえれば、満州の日本の特殊な収益を徐々に中国側に移行することこそ中国の最終的目的であった。

全国に広がりつつあった中国のナショナリズムは、租界の回収、治外法権の撤廃を叫んでいた。その波は、満州にも及び、満州は別だとする日本側と、満州も完全には例外ではあり得ないとする中国側の考え方は、実は並行線に近かった。

まともに日本と交渉しても、中国の要求は通りそうもない、と見た中国側は、満鉄並行線の建設を対日圧力の手段として用いていた。従って、満鉄並行線についての交渉は、実は、中国のより広い次元でのナショナリズムとの妥協の問題であった。

だからこそ、有田八郎（元外務大臣）は、「調書」についてのコメントの中で次のように云っている。

満鉄の並行線問題にしてもいくらこちらから抗議しても効がなかった。陸軍の阿部軍務局長、松井参謀本部第二部長（後に建川に替る）などと殆ど毎週のように外務省で評議を重ねてもいい案が出て来ない。その間張作霖の鉄道の方は段々よくなって来た。こちらの目的を達成するためには結局実力をもって奉天で向うの線をたち切る外はないということだった。

こうして、ナショナリズムをますます巧く利用して北伐を実行し、併せて対日交渉を有利にすすめようとする蒋介石にとって、満鉄並行線問題は容易に妥協できるものではなかったのである。

かくて、一九三一年六月、一時帰朝した林奉天総領事は、満鉄関連の交渉について、「従来のやり方では成功できるはずがない」[6]と幣原大臣に進言し、また、これに先立つこと数週間前、同じく一時帰国した在中国重光代理大使も、「日支関係は行詰るほかない」との印象を持って帰任したのであった。

蒋介石との直接交渉の挫折

そうした状況で、局面を打開する方途があったとすれば、それは、英国、または米国と日本が組んで、国際的圧力によって蒋介石と直接取引をすることしかなかったのであろう。

しかし、そうするためには、中国に死活的権益を持つ英国と協議して、租界返還といった中国ナショナリズムの要求をどこまで認めるかについての腹を固めなければならなかったであろう。

しからば、当時の日本は、どこまで、勃興する中国ナショナリズムの波に妥協し得たであろうか。

この問いに対する答えは、一九三一年一月十五日付で、当時の谷正之アジア局長から在中国重光代理公使宛に発電された、日本の対中国基本方針の中にかくされている。

この基本方針は、大雑把に云って、三つの点を柱としていた。[7]

一つは、旅順、大連の租借権、満鉄付属地の駐兵権など「わが国の大陸における地位に関するもの」は、中国がいくら要求しても、「到底応求の余地なし」という点であった。

第二は、治外法権と内水航行権のように中国を半植民地的な不平等な状態においている問題については、中国の内紛が一段落すれば、「早晩問題とするも止むを得ざるものであるべき」ものであった。

第三に、租界返還の問題は、「大勢の変化に照らし相当の考慮を加ふべき時期に到達」しているとの認識があった。

しかし、右の基本方針をよく見ると、第一の点については、交渉は問題外であり、第二、第三の点についても、中国の内紛が一段落した場合、あるいは大勢の変化（この場合は他の主要国の態度）といった、外部的要因に依存しており、日本自身が、中国のナショナリズムないし国権回復運動に対して、主体的にどう対応すべきかについての、積極性がみられないことが分かる。

むしろ、右のような基本方針は、現実には、次のような政策となって具体化した。

一つは、中国の中央政府と満州または東北各省の連帯にくさびを打ちこみ、日本に妥協的な勢力を強化すること、第二は、日本の満州における特殊権益について、列国の理解を得るよう国際世論工作を行なうこと、の二つであった。

日本がこのような政策をとればとるほど、中国は、真正面から国権回復運動をすすめても日本と交渉の余地はないと信じ、ますます、間接的な方途での国権回復、すなわち、日本の既存の権益の価値を（例えば満鉄並行線の如き措置によって）減少させることによってその撤退を実現するという方策を強化せざるを得ない破目におちいるのであった。

かくて、日本の強行策は、中国の強行策を強め、それがまた日本を硬化させるという悪循環が重ねられていったのである。

こうした悪循環は、早い段階で、何とか止められなかったのだろうか。

そのチャンスがあったとすれば、中国の復権運動に対して日本が列国に率先してそれを認めた北京関税会議のような流れを定着化してゆくことであった。

ところが、当時の日本の対中外交は、有田八郎の言葉を借りれば、人により、また状況により対応が異なり「切れ切れの外交」になってしまい、一貫性がなかった。

元よりこれには、当時の複雑な中国の内政状況や列国の利害の複雑なからみあいなど、無理からぬ理由もあるが、中国ナショナリズムの勃興にいかに対処するかについての根本方針の樹立が、片や列国外交、片や現地における個々の案件処理の中に埋没し、長期的戦略に至らなかったからではあるまいか。

云いかえれば、中国の革命外交ないし国民外交に対して、相当程度の同情と共感がなければ、日本の外交がいつの間にか武断外交になってゆくのは必然の成行きであった。

「強国」中国の影

ここで我々は問わねばならぬ。

中国の国権回復運動に対する同情と共感の上に立った対中国外交はどうして遂行できなかったのであろうか。

この問いに対して、「調書」の作成に携った、当時の外交当局の若手幹部は、「調書」の基礎となった作業ペーパー（巻末付録解説参照）の中で、日本のとるべき（あるいはとるべきであった）対中政策について次のように云っている。

> 対中国政策の基調は道義を重んずべきものでなければならない。その上で、日中両国は偽りのない平等互恵の親善友好関係を結び、経済提携を行なうべきである。

しかし、ここで云う「道義」とは何であるか。

> 中国に対し、道義を重んじるとは、一つに、日本が中国を犠牲にして強国の地位を保持しようとしないこと、二つに、中国の領土主権を尊重し、内政に干渉しないこと、三つに、中国の経済的繁栄を祝福する気持ちを持ち、中国の繁栄を日本にとって有害ないし脅威とみなさないこと、である。（同じく「作業ペーパー」）

こうした政策は、言葉をかえれば、中国を強国として承認することであり、中国の経済発展が、同時に日本経済の繁栄への道であるとの認識に立つものに他ならなかった。

このことは、さらに、

> 中国その他アジアの国々が、英米始め欧米諸国におしつけられた不平等な待遇から解放され、かつソ連の圧力から解放されることを日本として要求していく。（同じく「作業ペーパー」）

ことにほかならなかった。

しかし、この政策は、中国に多くの権益あるいは利害を持っていた英米初め、列国の対中外交と相当な摩擦を覚悟しなければならないことであった。

ところが日本政府は、中国との提携を強調する時、常に、列国との協調という点を併せて重視していた。

例えば、一九三六年八月七日、五相（首相、外相、蔵相、陸相、海相）会議で決められた「国策の基準」は次のような言葉で飾られている。

> 列国との友好関係に留意しつつ、日満支三国の緊密な提携を具現してわが経済的発展を策するを以て大陸に対する改革の基調とす。而してこれが遂行に当りては列国との友好関係に留意す。

ここで云う列国との友好関係、あるいは、別の言葉で云えば、列国との協調とは何を意味したか。

それは、列国が中国を見る目線で日本も中国を見、中国における列国の収益を害しないように努力しながら日本の進出を実現する、ということではなかったか。

云いかえれば、列国との協調とは、ややもすれば、帝国主義外交を依然として捨てていない列国との衝突をできるだけ避けつつ、「中国の犠牲において」（「作業ペーパー」の言葉）日本や列国の発展を図ろうとする外交に傾くことを実際上意味していたのではあるまいか。

さらに換言すれば、中国の民族解放運動に対する歴史的視点、あるいは、それに対する日本の世界的役割についての確たる認識がなかったことを意味するのである。

こうして見ると、満州事変を止め得なかった元凶は、正しい歴史観に基づいた対中外交の不在であり、列国との協調と言う美名にかくれた、帝国主義外交そのものにあったと云えるのではあるまいか。

列国との協調の意味

けれども、これに対して、現実の政策論議としては、次のような批判的設問が可能である。

軍部の政治的影響力が強まり、社会に閉塞感がみなぎっていた当時の日本で、外交当局が、中国の民族主義に理解と同情を以って臨むようなことがどこまで許容されたであろうか。

仮りに、一九二〇年代の相当早い時期においてそのような外交的イニシアティヴをとる余地が残っていたと仮定しても、列国は果して、日本のそのようなイニシアティヴを許容したであろうか。

若し、かかる外交路線が可能であったとすれば、それは、日本が米国と結んで、新しい形の国際秩序の導入、すなわち、ウィルソンの外交理念に沿った国際秩序の確立に共同で努力する道しかなかったであろう。現に、一九二一年のワシントン海軍軍縮会議、そして、太平洋の現状維持についての、いわゆる四ヶ国（日・英・米・仏）条約の成立は、そのような可能性が皆無ではなかったことを暗示している。

けれども、アメリカの「理想主義」の裏には、人種主義がひそんでいた。

日本が国際連盟において提出した人種平等決議案は、米国を含む列国によって拒否されたばかりか、一九二四年、米国は排日移民法を成立させた。

米国と日本が、明日の国際秩序のあり方について理念を共有できる状態には程遠かった。そのような状況の下で、米国と日本との真の協調が可能であったとは考え難い。ただ、そのチャンスを、日米両国が活用ないし作り出そうとする意図さえなかったとすれば、それは、当時日米関係に横たわっていた溝を両国が各々克服してゆくだけの見識と実行力とを持っていなかったからとも云える。

米国の事情はさておくとして、日本において、「協調外交」という旗印の下に、いわば外からの強制力を利用して、軍部初め内部の過激な動きを押えることができるためには、外部の力、すなわち、協調の相手に対する（漠然とした形にせよ）信頼が存在しなければならない。

日英同盟には、あるいはそのような信頼は存在したかもしれない。

しかし、不平等条約、三国干渉、そして人種平等決議案の廃棄といった歴史的体験を経て来た日本国民に、国際的な同盟や協調に対して、そのような信頼感をうえつけることは至難のわざであった。（こうした観点から云えば、日英同盟すら、戦術的、あるいは便宜的同盟にすぎなかったとも云える）。

列国との協調という魔法の言葉を用いるには、日本と国際社会の溝はあまりにも深かった。

もっとも、この点については、「調書」のトーンと、その土台となった「作業ペーパー」の調子には微妙な喰い違いがある。

「調書」は云う。

国内的、特に政治的要因をしばらく度外視して考えれば、日本が満洲を含む中国において英米と競争しつつ平和的に経済進出をすることは、十分可能であったと見るべきであろう。いわゆる幣原外交なるものも、このようなことを前提としてのみ考えられうるものである。

と、のべている。ここには、相当思い切った断定がある。それに対して、「作業ペーパー」は、

満洲事変前の行詰った経済・社会状態に対し、軍部が国家革新を唱え、中国に対する積極政策によってこれが打開を図ったのであるが、(これに対して外務当局が唱えた、)協調平和的外交によって、列国の同情的考慮が期待され、その改善が実現し得たかどうかは重大な点であるが……(中略)……一応問題のまま残しておく。

としているのである。

ここでは大きな問題が疑問符のまま残されている。

華北への波及

満州事変の発生を止めること自体は無理であり、また事変後の処理についても、事実上、関東軍の行為を是認することになったのは当時の国内情勢上仕方なかったとしても、軍の工作が満州をこえて華北に及び、華北五省の自治分離工作（満州に隣接する中国北部の五つの省を中国の他の地域から分

離して自治地域としようとする工作）に及んだ時、外務当局が、これを必死に阻止しようとしなかったことは、どうしてなのであろうか。

しかも、この場合には、軍事力の消耗をきたすような中国中枢への行動に反対する石原莞爾、あるいは英米との対決をおそれる海軍、さらには軍事費の増大を厭う財政当局など、外務当局にとって、多くの「味方」がいたはずである。そうした勢力の結集は何故できなかったのか。

現に、林奉天総領事は、「調書」への個人的コメントの中で、当時軍は金に困っていたのだから、予算を通さないと云えば軍事行動ができなかったはずである、と云っている。

しかし、満州事変以降、そうした勢力の結果には見るべきものはなかった。

それどころか、二・二六事件後成立した広田内閣は、陸軍の華北五省分離工作を全く抑制しなかった。しかも、その状態で、中国と国交調整を行おうとして、失敗した。

「調書」は、この点について要旨次のような鋭い批判を加える。

（当時、満洲と華北との間に郵便、通信、輸送などの面でつながりが円滑化していた状況を逆手にとり、その機運に乗じて）華北五省の分離工作を抑制してかかったならば、当時国民政府内部には、一時的にせよ満洲問題は黙過の形において、（日中間の）国交を調整することも相当可能性があったはずである。しかし、この可能性は、結局まじめに追究されないままで、支那事変に突入してしまった。

何故そうなってしまったのか。

「調書」はここでも黙して語らない。

しかし、「作業ペーパー」は、次のような反省の言葉をつぶやいている。

> 外務省員はこのころには本省出先を通じ順次軍部の強硬派に追随協力する傾向をみせており、このことについては充分反省を必要とする。

しからば、何故、外務当局の関係者は、次第に軍に追随するようになったのか。

それは、おそらく、単に軍に反対しているだけでは、全く影響力を失ないかねないので軍のやり方を一応是認しつつ、それに歯止めをかける役割を演ずる方が実際的である、との判断ないし気運があったためではなかろうか。

「調書」が盛んに、観念論的反対を唱えるだけでは、現実の力におされるだけであると強調していることは、皮肉なことに、戦前の外交当局の軍へのすり寄りの心理を解説しているようにも響くのである。

事後処理の是非

このように、「調書」の厳しい批判にも拘らず、さらに深く、かつ広く考えると、満州事変を止められなかったことを以って、日本外交の過誤であると云い切るのはやや酷であるようにも思える。

他方、事変が起った後の処理は正しかったであろうか。

確かに幣原外相は、閣議において、陸軍大臣が、「これ以上事態を拡大せしめない見込みである」というのを押し返して、「見込み」では駄目だ、保障せよと迫り、南陸相に不拡大を約束させた。

しかし、当時の情勢において不拡大とは何であったか。

「柳条溝事件」を発端として、関東軍はあっという間にほぼ満鉄沿線各地に展開し、事件前の状態に復帰することは全く考えられていなかった。

それだけではない。驚くべきことに、朝鮮駐在の軍隊が、東京からの指令も無く独断で越境し満州に入っていたことに対しても、（九月二十一日および二十二日の閣議では大問題となったにも拘らず）陸軍大臣と首相が参内して陛下にお詫びしただけで事は事実上追認され、責任の追及は全く行なわれなかったのである。

云ってみれば、不拡大方針とは、拡大した現状の追認でしかなかったのである。

そもそも、今日から見て不可解なことは、満州事変をひきおこした関東軍の勝手なふるまい自体が、何ら公けの非難の対象となっていないことである。

また、真相究明とその公表ということが全くなおざりにされ、日中両国の衝突自体は不可避であり、日本の自衛権の止むを得ざる出動であるかの如く処理されたのである。

そもそも、外務当局は、当初から、事件は関東軍の謀略であると見抜いていた。

奉天発電報第六三十号は、次の様に報告していた。

満鉄木村理事の内報によればシナ側に破壊せられたると伝へられる鉄道箇所修理の為満鉄より保線工夫を派遣せるも軍は現場に近寄せしめざる趣にて今次の事件は全く軍部の計画的行動に出でたるものと想像せらる。

また、後に、国際連盟の派遣した、所謂リットン調査団が指摘した様に、鉄道爆破という事実がなかったことは明白であった。調査団は、この点について調査報告書において次のように云っている。

九月十八日午後十時より十時三十分の間に鉄道線路上若は其の附近に於て爆発ありしは疑なきも鉄道に関する損傷は若しありたりとするも事実長春よりの南行列車の定刻到着を妨げざりしものにして其れのみにては軍事行動を正当とするに充分ならず。

こうした事実は、当然、現地総領事館初め関係者には知られていたところである。

そうした状況で、単に不拡大を唱えるだけでは、結局軍の行動を追認するだけに終わるのは火を見るよりも明らかであったはずである。

鉄道が爆破されていない以上、単に不拡大ではなく原状復帰を求め、かつ軍の関係者の責任を追及することが行なわれるべきであった。

朝鮮駐留軍の出動を追認して経費支出まで認めてしまい、また関東軍の満州全土への展開に目を閉ざし、事変の生起及びその時の軍の行動についての責任を追及せず、真相をうやむやのうちに覆いかくすことに対して、外務当局が体を張っても抵抗するだけの意思と胆力を持っていなかったのはどうしたことなのか。

不思議なことに「調書」は、この点について全く口を閉ざしている。

満州事変を止め得なかった外務当局の「積極性のなさ」を批判している調書が、事後処理について何も語っていないのは奇異である。

わずかに、「作業ペーパー」は、次のような、やや自暴自棄的なコメントをのせている。

当時、外務省としてやり得ることとしては大臣があくまで反対して辞表を出すことであったろうが、そうしても、内閣の顔ぶれが変り、軍寄りの人物が外務大臣に任命されるのがオチであったろう。

果して、そうであろうか。

中国が、満州における事態の収拾のため、日中間の共同委員会による審議をいったん提案しながら、これを撤回し、専ら国際連盟の討議に委ねるとの立場をとった裏には、軍の行動を結局追認してゆくことしかできない日本の対外交渉の責任者に対する、根強い不信感があったからではなかったか。

そうとすれば、そうした不信感を抱かせた責任の一端は、(軍の無統制もさることながら) 軍の行為を結局追認しているだけだった外交当局も負わねばならないのではなかろうか。

この点について、重光葵が、彼の著名な回想録の中で、次のようにのべていることが注目される。

> 柳条溝《ママ》事件に先立つこと三年前、満洲の軍閥、張作霖が、関東軍の謀略によって爆死し、それが、現地の軍の謀略であることが首相以下全ての人々に知られた後になっても、陸軍は、責任者を単に予備役に編入するだけで処罰の対象とせず、事件を糊塗し、また、首相以下これに反対せず、軍部の行動が結果的に是認されてしまったことが、昭和の動乱のきっかけであった――(8)

重光は要旨、このように述べている。

この考え方によれば、満州事変にあたって、最も重要なことは、不拡大の方針ではなく、むしろ原状回復、あるいは、それがすぐできないのであれば、少なくとも、真相究明と責任者の処罰であったことになる。

当時の緊迫した情勢において不拡大を唱えること自体、実は、現状の追認であり、(とりわけ軍部の不穏な動きが予期されていた以上)急いで真相究明と責任の追及を行なうべきであったと云える。

今日においても、「真相究明」や責任者の処罰、原状回復要求といった「追及」は、金銭的あるいは政治的スキャンダルの際には頻々世上を賑すが、政治的行動、あるいは政策の作為、不作為について、その政治的責任が追及されることは稀である。

起ったことに対する対応に誤りなきを期し、再発を防止する手だてを講ずることも重要であるが、事が起った背後の作為、不作為の責任の追及を厳しく行なうべきであるとの考え方は、今日においても深くかみしめるべき点であろう。

連盟脱退のドラマ

レマン湖畔の夕べ、一九三三年

スイスはジュネーヴのレマン湖。昼は、時折晴れた空の彼方にモンブランの白い、鋭い山頂が見えることもある湖上の空は、今は星が光るだけで、黒い湖の色よりも深い暗黒の色につつまれている。

そのレマン湖畔の料亭でテーブルをかこんでいるのは、地元ジュネーヴの国際連盟本部に勤める幹部たちである。

日本から派遣されている事務次長の杉村陽太郎のほかは、全てヨーロッパ人からなる幹部たちは、レマン湖に映る湖畔の灯を見ながら、数日前に連盟をゆるがした大事件、すなわち、日本の連盟脱退の衝撃について議論していた。

杉村が同席していたせいもあって、裏では日本のやり方について批判的なヨーロッパ人の幹部たちも、杉村がもらす、連盟の対日態度についての不平に対して真向から反論はしなかった。

フランス料理とワインを前にして、列席者は、いつになく率直に話しあった。

杉村は、日頃胸に納めていた思いをそれとなくもらした。それは、米英がほかのところでやっている一方的な行為と同じようなことを、日本がこの混乱した満州でやったことに対して、連盟が専ら日本を批判するのはフェアーではない、という点であった。

もちろん杉村も、そうはっきり断言したわけではなかったが、杉村の気持ちは通じていたのであろう、列席者の一人は、次のように云った。(9)

米国が不戦条約にモンロー主義を留保し、英国もまたその重大権益の保護のため殆ど無制限の範囲にまで拡大しうる留保を附したのに対し、各国が別段意義を唱へぬのは、過去に於ける英米の優越的地位に顧み、実際上は已むを得ぬところと認め敢て之を争はぬのであるけれども、日本が三国干渉の当時より二十一ヶ条時代を経て、今回断然満洲に対する独占的地位を世界に向って宣明したのはその変化が如何にも急激であると、日本の国際的地位が未だ英米のそれに匹敵せざるため各国としては直にこれに同感を表し得ぬところがあるのである。〔原文総ルビ、旧漢字〕

この言葉は、当時の連盟における空気、あるいは連盟という名の国際世論の深層をついていた。すなわち、現状の大きな変更を国際社会は望んでいない、ということであった。

それは、ヴェルサイユ体制の矛盾が表面化し、経済不況が世界を覆って、明日の世界の方向が不安定要因を含んでいるだけに、余計必死に現状をなんとか守ろうとする、英仏及びヨーロッパの国々の叫びであった。

その中で日本の極東における行動は、あまりに性急に現状を変更しようとする動きとして、本能的に反発を感じさせるものであったのだ。

夕食のテーブルの周りの熱っぽい議論と対照的に、暗いレマン湖畔は、通る人も無く、ひっそりと静まりかえっていた。

連盟の中の空気

連盟の事務局に身を置き、連盟の中の空気と日本の主張の間の板ばさみに苦しみながら、日本のため、世界のため頑張ってきた杉村陽太郎にしてみれば、レマン湖の水は、彼自身の無量の感慨をたたえているように思えたであろう。

杉村の回想録を読むと、連盟の空気として、二つの流れを感じとることができる。

一つは、（杉村は慎重な言葉遣いをしてはいるが）日本に対する連盟の理解不足、不公平、気負いである。

気負いに根ざした不公平——それは確かに存在した。

一九三一年十月十五日、連盟理事会は、日本の主張を無視して、理事会メンバーではないアメリカを理事会に招請する決議を通し、全会一致という原則を破った。

「この決定は手続事項であり、手続事項は全会一致である必要はない。

という論理であった。(10)

しかし、本来、日本の主張した如く、事が手続き問題か否か、そして全会一致が必要か否かは、法律的問題であるから、法律専門委員会の意見を聴取すべきであった。

それが全く行なわれず、強引に事が運ばれた理由の一つは、連盟は早く行動せねばならないという気負いであり、実質上事を決した五ヶ国(英仏独伊西)は全てヨーロッパの国々であって、アジアにおける日本とアメリカの対立を前に公平であろうとするよりも、アメリカの圧力で日本をおさえこもうと考えたからであった。

しかも、十月十八日夜、ヨーロッパ諸国はイギリス代表の下に集まり、日本に制裁をかけるにはどのようにすすめればよいか、連盟規約との関係をこの時点で、既に詳しく研究していたのであった。(11)

こうした動きの背後にあったのは、

「連盟が今こそ東洋の異端児に制裁を加え、連盟の力と威信を世界に見せる

といった類いの気負いであった。

だからこそ、連盟における討議をできるだけ避け、中国との二国間の話し合いに固執しようとする日本と、いち早く連盟に提訴し、連盟の力を借りようとしている中国とを並べて見た時、連盟が全体

として、中国に同情と共鳴を感じるのは当然の成行きであった。
もっとも、日本は当時連盟の常任理事国であり、連盟もいざとなれば現実的考慮を払わねばならなかった。従って連盟の関与が、程々ないし建前上のものに終り、あとは、日本と中国との話し合いにゆだねるという方向に実際上収斂してゆくチャンスはあった。

例えば一九三一年九月三十日の理事会決議を見よう。
この決議は、日中両国が軍隊の撤退について既に声明している内容を了承し、日本・中国両国に対し、通常の関係を回復するため「全《あら》ゆる手段をつくすべきことを求」めていた(12)。
云いかえれば、連盟は、日本と中国の話しあいを奨励し、その結果を連盟に通報するよう求めたのである。

従って、このまま事態が拡大せず、曲がりなりにも日中間の調整がスタートすれば、連盟の関与はエスカレートしなかったはずである。

ろが、一九三一年十月八日、奉天と北京を結ぶ主要な鉄道である京奉線の要地錦州で、いわゆ
、日中両国が交戦する事態が起こり、中国は、これを以って日本の不拡大方針違
に訴え、理事会の緊急開催を要求したのである。
対する日本軍の空爆は、日本の軍事行動の拡大という印象を強く国際社会に与え、
空気を硬化させた。
日本にはチャンスがあった。

提案の形で行なわれた、連盟における調査委員会の設置で、連盟は面子を救われ、同時に、連は、その決議において日本軍の撤退に期限をつけず、しかも、日中両国が二国間交渉を開始する場合には、それは、調査委員会の権限ではないことを明らかにし、調査委員会が（日本の厭う）仲裁者的機能を果すことをわざわざ否定したのであった。

このまま事態が進めば、調査委員会の活動によって連盟の顔を立てつつ、日中両国間の話しあいをなんとか実現してゆくことは可能であったはずである。

しかし、そうは行かなかった。

一九三二年一月、国際都市上海で日中両国軍隊が衝突するという、いわゆる上海事件が発生、国際世論は一気に悪化し、連盟の中の空気も急速に硬化していったのである。

この間の経緯を、「作業ペーパー」は、簡潔に、かつ鋭く、次のようにとりまとめている。

上海事件が勃発し、中国は連盟規約第十条および第十五条に基き連盟に提訴、連盟は三月十一日の臨時総会においてスチムソン主義を認め、第十五条を満洲事変にも適用する決議を行なった。

上海事件は、戦禍が満洲をこえ、英米の利害が強く存在する中国中部へも及ぶことを示し、英国を甚《いた》く刺激し、英米の協同行動を実質的に進展せしめた。

この頃より日本においては、連盟脱退の外なしといった議論が台頭するに至ったのである。

ここで云う連盟規約第十条とは、領土保全及び政治的独立の保障に関するものであり、第十五条とは、紛争への連盟の全面的関与と、理事会のみならず総会決議による圧力の行使を定めた条項であり、いわば、これによって、満州事変に対する連盟の全面的関与が決定され、満州事件は、国際世論の渦の中にどっぷりとほうりこまれたのである。

因みに、今日においても頻々言及されるスチムソン主義とは、一九三二年一月八日、在京米国大使から日本政府に通報された、米国政府の声明ないし宣言であり、米国の、中国における現状変更についての「不承認主義」であった。すなわち、中国における米国国民の条約上の権利を侵害するが如き一切の事実上の状態を容認できない、とするもので、日本の満州に関する政策に対する全面的否定とうけとめられたものであった。

かくて日本と連盟、そして日本と米国は全面的対決への道を歩み始めたのであった。

連盟脱退の必然性

こうして一九三三年二月二十四日、日本は、リットン報告書の採択直後、国際連盟の脱退を決意して総会の席上から「静かに自若として[13]」いかにも東洋人の「神秘的特質（同上）」を表す如き態度で退場したのである。

連盟からの脱退――それは一見、当然あるいは必然に見える。四十二対一（棄権一）の表決を前に、日本は、日本の主張を認めない連盟に抗議の意思表示をして脱退したとも云えるし、また、日本の行動に不当な枠をはめようとする連盟の動きから解放されることが、満州国ひいては中国における日本の立場を守る唯一の方法であると判断したとも云えるからである。

然し、堀田大使が「調書」へのコメントの中で、何故連盟から脱退したか分からぬとのべているように、当事者以外の人々にとって、連盟脱退は必ずしも自明のことではなかった。

杉村が、その回想録において、わざわざ、「連盟脱退の真相」という表題を用いているのも、脱退の理由が必ずしも十分説明可能なものではなかったことを暗示している。

では何故日本は脱退したのか。

「調書」はその末尾において、日本が国際連盟で言明したことが、次々と事実の上で覆され、日本の対外信用が落ちるばかりになっていたことが、連盟脱退の背後の要因であることを暗にほのめかしている。

云いかえれば、これ以上連盟にとどまっても、連盟及び連盟のメンバーの云うことを日本は承認も実行もできない以上、そういう組織にとどまることは、いたずらに日本の対外信用を傷つけるだけである――そういった論理に他ならなかった。


話が成立したら外務省は大変な責任を負わされることになる。何となれば、軍は絶対にこれを実行しないからだ。だから話をこわした。

そう堀田に云ったのは外務省情報部長の職を経験した白鳥敏夫であった。(堀田大使の「調書」に対するコメント参照)。

潔癖さと図太さ

けれども、それらの理屈に対して、「調書」は反論する。

連盟脱退も、必要もないのに物事を割切ってしまいたがる潔癖さの表れであり、孤立無援に陥っても連盟に止まるというだけの、よい意味の図太さがあってよかった――というのである。

しかし、図太さだけで多数国間外交を遂行できたであろうか。

この点、「作業ペーパー」（巻末付録解説参照）は真髄をついたコメントをしている。

「連盟の如き会議外交においては特に大義名分が重要である」と。

日本の満州支配は、いかに当時の日本にとって重要であったとしても、国際社会における大義名分を欠いていた。

日本が再三主張した大義名分は、日本人居留民の安全という文句だけであった。それでは、国権回復を主張する中国ナショナリズムの大義名分に抗しようもなかった。

しかし、ひるがえって考えて見ると、潔癖さも図太さも、極めて主観的、あるいは自主的概念である。日本に図太さがあれば……と云うけれども、日本の主体的立場を変えてみたからと云って、日本と国際社会の対立は、軽減されるどころか、むしろ溝は深まったであろう。

日本の主体的立場をはなれて、当時の事態を冷静かつ客観的に見れば、独走しつつある関東軍とそれに手を焼く軍の首脳、そして軍にひきずり回されている日本政府――それら全てをこえて日本を少しでも正道に立ち返らせ、例えば満州の自治を骨子として、中国の顔を立てた方法で解決を図るように日本と中国を誘導してゆく唯一の道は、強力な、国際的圧力以外になかったであろう。

皮肉なことに、早期に及んで、英米仏ソ等の一致した強い国際圧力が、中国、日本双方にかかっておれば、日中の全面衝突は、さけられたかもしれないのである。

しかし、米国は連盟の外にあり、仲介やあっせんの労をとるどころか、モンロー主義やスチムソン宣言の様に、「わが道をゆく」傾向にあった上に、一九二九年以降は大恐慌の後始末で手一杯であった。欧州諸国も、一方ではヴェルサイユ体制の維持をどう図るかに心を砕く国々と、他方では、この体制をどう打破するかという国々との間の対立に突入しつつあった。ソ連は第一次五ヶ年計画の途上にあり、未だ共産革命実現の課題が尾をひいていた。

そして中国。中国も、日本とは別の意味で、政府が事態をコントロールできる情勢になかった。蒋介石政権が、日本との話し合いに消極的だったのは、単に日本の提案に対する不満や国内のナショナリズムへの配慮があったからだけではなかった。何を約束できるか、何を実行できるかについて自信がなかったからでもあった。連盟への提訴――それは、ある意味では、自分自身の国のことについて自分が十分コントロールできない事態から逃れる唯一の方途であったのだ。そういう意味では、中国は図太かった。しかし、中国は図太く生きなければ生きられなかったのである。日本は、幸か不幸か、図太く生きなくとも、潔癖に生きるだけの力があった（あるいはそう思っていた）のであった。

松岡洋右の大演説

一九三三年二月二十四日、国際連盟総会は、リットン報告書を採択するための最後の討論を行なった。そこで、日本代表の松岡洋右は、連盟史上に残る大演説をぶった。

演説のポイントは三つあった。

一つは、中国の現状の特殊性である。中国の事情は他国と違い、各勢力が争う不安定な状態にあり、だからこそ外国軍隊が駐留している、そう松岡は説明した。

第二点は、日本のやっていることは、英米が中国でやったことと異なっていないと云う点であった。アメリカに対する中国のボイコットをやめさせるために、一九二七年、米英は軍隊を出動させて中国と南京で衝突をひきおこしたではないか、そう松岡は問いかけた。

日本の行動は主義において全く英米と同一である――それが松岡の論理であった。

第三点は、米国も英国も認めるが如く、自衛権は自国の外の領域にも及ぶ、という点であった。

日本の行為は自衛行為である――松岡は叫んだ。

松岡の英語は聞きとりにくく、お世辞にも流暢と云えるものではなかったが、彼が演説に込めた情熱は、体によって会場全体に伝わった。

会場は一瞬「悲壮な空気に包まれてしまって、議長のイースマンも悄然として」退場してゆく日本代表を見送るだけだった。(14)

日本代表団はホテルに帰った。松岡は得意気ではあったが、矢張り脱退のショックをかくしきれなかった。

「西園寺は俺に向ってどんなことがあっても政府が連盟から脱退するようなことはさせない」と云っていたのに……と愚痴さえこぼすほどだった[15]。

その場に居た佐藤尚武（元外相、当時、日本代表団の一員）も、その回想の中で、あそこでさらにもう一辺、最後の訓令を仰ぐ余地はなかったか、その辺が私にはよく分らない、と述懐している。

しかしこの段階で、東京へ再度請訓することは意味がなかったであろうし、またそうした形は最早とれなかったであろう。なぜならば、最後の段階（一九三三年二月）で、連盟脱退という形でのけじめをつけることを強く主張したのは、むしろ現地の代表部であり、東京は、相当最後まで、最終的決断をためらっていたからである。

このことは、例えば、二月十七日、連盟代表から外務大臣にあてた請訓電報からも明らかである。

この電報は、次のように、まだためらっている気配の東京に対して、現地の意見として、断然脱退すべしとのべているのである。

> 第一三五号（大至急極秘）
> 往電第一二八号（三〇四文書）発後当地通信員の接受せる東京電報に依れは帝国政府の採るへき態度に関し種々取沙汰せられ居り事態の殊に憂慮に堪へさるものある処従来我方の採り来れる態度にも顧み事茲

に至りたる以上何等遅疑する処無く断然脱退の処置を執るに非すんは徒に外間の嘲笑を招くに過きすと確信す(18)〔原文は片仮名〕

いずれにしても、東京も、ましてやジュネーヴの代表部も連盟にとどまることの強い意志と熱意をもってはいなかった、云いかえれば、（満州事変は別に考え）連盟の一般的理念と活動については、日本としてもこれを支持するといった考えは全くなかったのであり、このことが最後の段階になって白日の下にさらけ出されたのである。

それは、かつて連盟の日本代表部に勤務した佐藤自身が痛いほど感じていた事であった。

佐藤が、連盟における軍縮問題や少数民族問題の討議に対する日本の関与の重要性を説いても、外務省の幹部の反応は冷たかった。

日本が連盟でできるだけ力を尽し、連盟のために骨を折ってやり、世界平和のために貢献しているという実績を作らなければ、連盟において日本の立場は理解されない――そう佐藤が強調しても、積極的反応は得られなかった。

こうして佐藤は、その回想メモの一つの章に「連盟における仕事に対する東京の無理解」という題をつけたのであった。

連盟は、日本にとって、工作の相手であり、日本の立場を理解してもらうための場にすぎなかった。五大国の一つとして、日本が連盟をどう引張り、世界秩序の形成にどういう役割を演じさせるべきか

――そうした理念を日本は持っていなかった。連盟を利用するか、連盟の活動に適当につきあってゆくかのどちらかに終始していた。そこには真に能動的な関与は、ほとんど感じられなかった。

日本は、脱退の以前から、実は、半分、連盟の外にいたのである。

今日への教訓

今日日本は、国連及びその専門機関、OECD（経済協力開発機構）、WTO（世界貿易機構）、IMF（国際通貨基金）など多くの国際機関に参加している。

しかし、これらの国際機関において日本は真に世界のために貢献しているであろうか。

貢献したくとも、それだけの力がない――財政力あるいは軍事力の不足、歴史的、法的制約がある、あるいは人材が不足している、そうした声が聞える。

しかし、日本は、五大国の一つとして常任理事国の地位を占めていた連盟においてすら、世界に貢献する信念と意気込みを持っていなかったのである。

何故そうなったのか。

それは、現実の壁と実際上の利益の前に、理念や信念を常にひっこめてきたからである。

人種平等決議案を出した日本は、採択に敗れた後も、どうして終始その理念を、連盟で訴えなかったのか、欧米の植民地主義の圧迫に苦しんだ明治の日本の体験にも拘らず、何故、多くの国での民族主義の勃興に対して、もっと同情的になれなかったのか、――それは、欧米列強との協調という名の下での日本帝国主義の実益と利害を守るために、理念や信念を横においてきたからではなかったか。その結果、結局のところ、欧米の作った国際秩序の破壊をめざす方向へ動き、実益も利害も、そして名誉も威信も失なうことになったのではないか。

連盟脱退への道は、単に軍国主義の暴走が演じた悲劇だったのではない。その根は、むしろ理念と信念の欠如にあった。

今日、国際連合の常任理事国の地位を日本が占めるべきであるとの声が強い。そのこと自体は異議を唱えるべき事ではない。しかし、日本は国連において何を実現し、国連をどのように活用して、どのような国際秩序をうちたてることを理念としているのかについて、確たる国民的議論とおよその合意のないままに、ただ常任理事国入りを唱えるのは本末転倒ではなかろうか。

理念に加えて、力の問題がある。力とは軍事力や経済力だけではない。自己の理念を国際的に実行せしめてゆく力である。それには、同じ理念を持つ人々との連帯、結合こそが肝腎である。

かつて国際連盟で日本が十分力を発揮し得なかった一つの理由は、日本が元々孤立無援に近かったからとも云える。

今日、米英は、民主主義と市場原理の旗印の下に世界的な民主主義勢力と国際的活動に携るビジネスとあい結んでいる。仏独には、ヨーロッパ連合の仲間がいる。中国は依然として、貧しい開発途上国のチャンピオンとして振舞っている。ロシアには、旧ソ連邦諸国との連携がある。日本が作るべき真の味方がどこにいるかは、日本の理念が、単に民主主義と市場原理だけで良いのかという点とも係っているのではあるまいか。

市民と国際社会

このように、日本の国際連盟脱退に至る道筋をたどると、真に問題なのは、国際機関、ひいては国際社会と日本国民との間の溝ないし距離であることが明らかとなる。

連盟脱退そのものというよりも、そこに至る過程で、国民が次第次第に国際協調を潔しとせず、国家主義的方向を支持し、それが軍部の暴走、満州事変、連盟脱退の道筋を作ってしまったことについて、有田八郎は、「日本人が、国際社会から疎外、排斥されているという感情が積み重なっていったことが、日本を誤らせた一つの原因である」との趣旨をのべている。

（アメリカの）東洋人排斥、英国のオタワ協定による英連邦の囲い込み、それに加えて中国における排日――それらすべては、日本人に「排斥されている」という感情を植え付けたのである――そう有田は暗に主張している。

もちろん、日本人を追いこんだものは日本人自身の感情であるが、それを無用に刺激する要因が他の国々に存在したことも事実であり、いわば、一種の国際的偏見と排斥のターゲットとされていると感じても無理からぬ事が存在したのも事実である。

そうして、このような感情が、日本人一人一人と、国際社会の間の溝を広めていった。国際連盟における日本の「孤立」は、正にそうした溝の象徴であった。

今日においてすら、アメリカの日本異質論《レヴィジョニスト》やフランスのクレッソン元首相の発言に代表されるような日本への偏見、さらには、中国の一部の若い幹部の間にあると云われる気負った反日など、日本排斥の動きや心理は国際場裡に存在する。

こうした動きに単に反発するだけでは、日本国民と国際社会の間の溝は埋まらない。日本がとるべき道は、国民がどんどん国際社会に進出し、国際機関又は国際的企業で働き、それによって、国際社会を日本人一人一人にとってより身近なものにすることである。そうして初めて日本排斥の動きを、実は同化と統合のための門戸に転換することができるのである。

今日、国際機関における日本人職員の数が日本の経済的、政治的立場に比し、いかにも貧弱であることは衆目の一致しているところであるが、この問題は、国際機関に対する日本の影響力の行使という観点もさることながら、日本国民一人一人と国際機関との距離、あるいは国際社会の身近さの問題としてとらえるべきであろう。

国際会議の開催、国際機関の誘致、そして国際企業の日本進出——そうした方策は、日本の「国際化」、地域の活性化の方途として見られがちであり、元よりそうした観点も無視できないが、真に大切な点は、市民一人一人と国際社会の接点を拡大、深化してゆくことが、究極の目的であることを忘れてはならないであろう。

（1）幣原喜重郎『外交五十年』原書房、一九七四年、一七一〜一七二頁。
（2）一九三一年九月十九日奉天林総領事より外務大臣宛電報（日本外交文書「満州事変」第一巻第一冊第一文書）。
（3）右の注2の電報は、日付を調べると、奉天九月十九日午前発、本省同十九日午前着となっており、電報本文の午後十一時（注・九月十八日）と比べ、数時間のずれがある。そもそも、午後十一時の時点では、事変のことを特務機関に調査に行った守島領事はまだ領事館に帰館していなかったと考えられ、電報は午後十一時に起草されたものの、守島領事の帰館を待っていたため、発電が翌日早朝になったものと考えられる。
（4）林久治郎『満州事変と奉天総領事――林久治郎遺稿』原書房、一九七八年、一一五頁。
（5）鹿島平和研究所『日本外交史』第十八巻、守島伍郎・柳井恒夫「満州事変」鹿島研究所出版会、一九七〇年、九九頁。
（6）林久治郎、前掲書。
（7）前掲『日本外交史』第十八巻、一六〜一七頁。
（8）重光葵『昭和の動乱（上）』中公文庫、二〇〇一年、四三〜四四頁。
（9）杉村陽太郎『国際外交録』中央公論社、一九三三年、九二〜九三頁。
（10）鹿島平和研究所『日本外交史』第十四巻、佐藤尚武「国際連盟における日本」鹿島研究所出版会、一九七〇年、二九四〜二九五頁。
（11）同右、二九六頁。
（12）同右、二二二頁。
（13）杉村、前掲書、八一頁。
（14）佐藤尚武氏の回想。前掲『日本外交史』末尾に掲載されたメモ。
（15）同右。
（16）日本外交文書「満州事変　第三巻」三〇七文書「連盟脱退実行方法に関する意見具申について」。

日本外交の過誤（二）満洲事変、国際連盟脱退

満洲事変（昭和六年九月十八日）の根本原因は、事変前における日本国内の情勢にあった。深刻な経済不況からして社会不安がびまんしていたにもかかわらず、政党は腐敗堕落していた。この政治の貧困から政党政治に対する不信が生じ、国家革新を唱える一部の勢力に政治進出の機会を与えた。外部的な原因としては、第一次大戦当時の二十一箇条問題以来の中国人一般の排日気運とこれを背景とする張学良の排日方針があった。

こうして、満洲事変には、そのよって来るところ遠く、且つ深いものがあったのであるが、さればといって、当時の日本としては、武力進出策に出る以外に生きる道がなかったかといえば、そう断定するだけの根拠はない。むしろ、国内的、特に政治的な要因をしばらく度外視して考えれば、日本が満洲を含む中国において英米と競争しつつ平和的に経済

進出をすることは、十分可能であったと見るべきであろう。いわゆる幣原外交*なるものも、このようなことを前提としてのみ考えられうるものである。

さらに、当時の中国の特殊事情からして、ある程度の武力行動は、かりに止むをえなかったとしても、満洲国を独立せしめ、さらに、国際連盟を脱退（昭和八年三月二十七日）するところまで突走ったのは、勢いのおもむくところとはいえ、何等利するところのないことであった。これについては、もちろん、日本国内の強硬派ばかりを責めるわけには行かない。米国のスティムソン国務長官が、事態の推移が見極められるまで待たないで不承認主義**なるものを通告（昭和七年一月七日）したことも、日本をあそこまで追い込む一因となったとも見られよう。又、当時の外務当局に事変前の内外情勢の行詰りを打開しようというような積極性が乏しく、又事変勃発後においては、事毎に軍部に反対したが、その根拠が現実から遊離した観念論に終始したことも、反省の余地があるのではなかろうか。口先だけの反対は、その都度現実の力によって押し切られ、そして満洲事変そのものだけについていえば、国際的な悪評をこうむりながらも、一つの既成事実をつくることに成功した。そして、国民は、その方について行ったのである。

ともかく、満洲国の独立とこれに対する日本の承認は、反対側のスティムソン主義と相まって、事態を抜差しならなくしてしまった。必要なくして物事を割切ってしまいたがる癖は、後の「蒋政権を相手とせず」との近衛声明等にもその例を見る。又、連盟脱退は、日本が米英と袂をわかつ発端となったが、四十二票対一票というようなことになっても連盟に止まるというだけのよい意味の図太さがあってよかった。この種の潔癖さは、現実政治には、禁物というべきであろう。

＊いわゆる幣原外交　欧米との協調を重んじた幣原喜重郎外務大臣時代の外交政策。
＊＊不承認主義　満州国の成立は、太平洋の現状維持についての国際的了解に反し、米国としては認められないというもの。

第二章　軍縮会議脱退、日独防共協定締結

軍縮会議と日本

ランブイエの集い

フランスの首都パリから、車で四、五十分。

小さなカフェのある、これまた小さい広場の横にランブイエの城がある。

十四世紀にはフランソワ一世の近衛隊長だったジャック・アンジェヌの居城であったこの城は、大きな池と英国風の庭園にかこまれた、端正な姿を今日に残している。ここは運命の偶然によってフランソワ一世逝去の場所となり、また、ルイ十六世やその子ツールーズ伯、そしてナポレオンも一時滞在したという歴史を持つ。

一九四四年八月二十五日、ここに滞在していたド・ゴール将軍が、部下にパリ進軍を命じたことで知られ、城は今ではフランス政府の所有となっている。

そして、このランブイエは、一九七五年、いわゆるサミット（主要国首脳会議）の第一回会合が開かれた場所でもある。

当時のサミットは、参加国も、フランス、アメリカ、イギリス、ドイツ、日本、イタリーの六ヶ国だけで、各国の首脳に随行する人々も、首相や大統領の個人代表一名だけであった。

オイルショックの衝撃から世界経済をどうやって救い出すかを議論した第一回サミットは、こじんまりとした会議で、ランブイエはそれにふさわしい場所だった。

日本から参加した三木武夫首相と牛場信彦個人代表――彼らの脳裡には、世界経済の先行きもさることながら、五十年前の一九二八年、この同じランブイエで署名された、いわゆる不戦条約とそれに参加した内田全権初め日本代表のことが想い出されていたに違いない。

一九二八年の不戦条約――それは、前年のジュネーヴ軍縮会議への参加を拒否したフランスが、いわばその埋め合せのためにイニシアティヴをとって開催した会議であった。

この事実が暗示しているように、一九二二年のワシントン海軍軍縮会議から一九三五年のロンドン会議に至る、一連の軍縮会議は、表向きは、主力艦や補助艦の隻数を制限する、いわば軍備についての数字の交渉であったが、実は、その本来の目的はといえば、「軍備は戦争を起すためのものではなく、戦争の危険を避けるためのものでなくてはならぬ」という考えに基づいた、国際秩序の形成と国際協調の試みであった。

云いかえれば、そこでの目的は、制限の数量にあるのではなく、国家間の対立と疑惑を少なくするところにあった。

しかし、対立と疑惑の解消による平和の維持は、どうしても現状維持に傾きがちである。

ワシントン会議で決められた主力艦の英・米・日の比率五・五・三に、日本海軍は不満を抱きつづけ、対米七割を主張し続け、遂には「共通総量制限」という比率の考え方を否定した提案を行なうに至った。日本は現状に不満を持ち、現状を改変しようとしていた。

その裏には、日本国の威信といった言葉に容易に影響されがちであった日本の国民感情があった。

そして、そうした日本との妥協に容易に応じなかった米国には、極東への進出欲と、アジアにおける日本の台頭をこれ以上は許容したくないとする感情があった。

軍縮会議からの脱退

五・五・三の主力艦の比率にもともと不満であった日本海軍は、主力艦がだめなら補助艦でと、補助艦の建艦に力を入れ、一九三〇年のロンドン会議では、全体（ないし総括）比率で六割九分七厘余という比率を達成し、対米七割を主張していた海軍の面子も一応救われた形となっていた。

しかし、それでも海軍の不満はくすぶり続け、しかも、軍縮による建艦制限は、統帥権の侵犯であるという議論が日本国内で燃え上り、従来は国際協調という外交的枠組や、予算上の制約という財政的事情によって歯止めをかけることのできた軍備拡張への動きは、事実上歯どめのきかない状況にたち至っていた。

こうした流れが背景となって、日本は、一九三四年十二月、ワシントン条約廃棄を通告し、一九三五年のロンドン軍縮会議で日本提案が拒否されると、会議から脱退したのであった。

　この間の歴史的経緯を実に簡潔にとりまとめているのは、一九三〇年代に外務省の担当課長として、多くの軍縮会議に参加した山形清である。[1]

　ワシントン海軍軍縮会議では、アメリカの強硬な態度によってわが国の主力艦、航空母艦の対米七割の主張が六割に引下げられ、わが国は絶大な不満を抱きながら条約を結んだ。七割、六割のいずれが妥当であったかは戦略的には議論が多いであろうが、第一次世界大戦前の英独海軍競争の際、イギリス政府の考慮したドイツの対英比率が六割を超えていた事実に想到し、且つわが方においても少し柔軟な態度を示したならば、アメリカも軍縮達成の大局的見地からわが主張に歩み寄り得た余地があったのではなかろうか。

　主力戦艦で日米間に納得のいく協定ができていたならば、補助艦でも少なくとも協定の目途がついたであろう。しかるに補助艦につき実質的協定ができなかった結果、主力戦艦に対抗するための補助艦の拡張が関係諸国で行なわれるに至った。そして補助艦問題は一九二七年ジュネーヴ三国会議を経て一九三〇年ロンドン会議で妥結をみたが、ジュネーヴ会議において米英両国が衝突し、会議がこれを収拾し得なかったのも主力艦同様攻撃力の強大な八インチ砲搭載大型巡洋艦を多数保有せんとするアメリカに対するイギリスの反撥が強烈であったためであり、一九三〇年ロンドン会議において対米比率七割に近い補助艦保有量を取得したわが国が、一九三五年開催さるべき会議においては右条約に拘束されない趣旨の規定を挿入せしめざるを得なかったのも、また統帥権干犯問題なる難問が生起したのも皆八インチ砲搭載巡洋艦保有に関しアメリカが対日一〇対六を主張して譲らなかったためであった（イギリスはジュネーヴ会議においても、また一九三〇年ロンドン会議においても八インチ砲搭載大型巡洋艦のわが保有対米七割について好意的であった）。

ロンドン会議後日米英等の建艦競争はますます激甚となり事態は憂慮すべき段階に入った。かくてわが国においては一九三五、六年の危機なる標語で国民の国防上の不安感が煽り立てられ（一九三五年は一九三〇年ロンドン会議の規定によって開会される第二次ロンドン会議の年であり、一九三六年はワシントン条約の規定によって同条約が一国の二年前の廃棄通告により失効する年である）、政府はついに一九三五年ロンドン会議が正式に開催せられる前、すなわち一九三四年十二月にワシントン条約の廃棄を通告し、右一九三五年会議においてもわが国の新提案が認められなかったので、会議より脱退するの余儀なきに至った。

「調書」の批判

こうして日本は、軍縮についての国際条約、国際体制から離脱し、「わが道を行く」方針をとった。これに対して「調書」は、二つの観点から批判を加える。

一つは、軍縮条約の軍備に与える影響とそれに基づく合理的計算の有無である。一九三〇年当初、「英米と日本の国力には大きな差があったのであるから、軍縮条約をまとめた方が有利であったはずである」——そう「調書」は批判する。ここには、海軍や当時の国民感情とは違った、冷静な見方がにじみ出ている。

すなわち、日本は歴史的に見て、国際条約は日本を縛る拘束とみなし、それに制約される面ばかりを見るきらいがあるが、条約は、実は相手をも縛っているのであり、相手に与える制約の効果と、こちらの蒙る制約の効果を冷静に計算することが重要である。それにも拘らず、日本海軍は、自らの建艦量の増加に歯止めがかかる側面だけを問題としすぎていた——そういう見方ないし批判である。

今日においても、国際条約となると、ややもすると日本に対する制約という側面ばかりが問題とされやすい。核不拡散条約についても、日本の核オプションへの制約といった面が盛んに議論された。

しかし、条約は、ある理念なり目的を達成するための法的手段にすぎない。従って、条約に体現された目的を真に分ち合うか否か、またその中での利益と不利益、権利と義務がどのようにバランスされているかが問題である。ところが、義務の強弱にばかり目がゆくと、条約の中でこちらが得るべき権利ないし利益の面への関心が薄らぐ。

例えば、農業に関する国際条約である。

従来、こうした条約については、常に農産物の大輸入国として、日本の貿易政策や農業政策に加えられる制約（あるいは自由化義務といったコミットメント）は問題とされたが、輸出国の義務（すなわち不当な安売り防止や輸出補助金規制、国家貿易による輸出のあり方、さらには輸出国の輸入国に対する供給保証、あるいは輸出制限の禁止といった点）については、日本は強く主張を展開してこなかった。そんなことをすれば、その見返りに輸入国の義務が強められるばかりである――そうした議論がとかく勢いを得がちである。消費者利益を含んだ日本全体の利益バランスよりも、一部の生産者や一部の農業団体の声ばかりが国際交渉に強く反映されがちなのは、第二次大戦前の軍縮交渉の焼き直しの感がある。

ここで我々は、一九三〇年代に戻って、再び軍縮条約廃棄の功罪を考えねばならない。

仮に海軍のパリティ（対アメリカ対等性）の実現という主張に日本がこだわることに一理あったと仮定した場合、（アメリカは、全く強行で、こうした主張がそのまま通る状況にはなかったのであるから）、交渉決裂という事態は当然予想されたことである。

そうとすれば、外務当局や海軍は、交渉決裂後のシナリオをしっかり考えぬいた上で会議に臨んだのであろうか。

一九三四年七月十四日、第二回ロンドン軍縮会議への対処のしかたを議論した閣僚会議で、パリティ実現にたいする、海軍大臣の強い決意が披露された際、外相、陸相、蔵相は、こもごも次のように説いた。(2)

先方が到底受諾できないようなものを日本が持ち出して決裂することが当然な場合に、その決裂した後を一体どうするか。

これに対して海軍も、他の閣僚も、明確な答えを出すことができず、とにかく予備交渉の結果を見てから決める、という一時しのぎの決定に終ったのであった。

当時、海軍の予算は、既に通常予算の三分の一前後に達する勢いであり、これ以上の建艦は、財政上負担し難い状況にあったにも拘らず、財政をテコにして海軍を抑えるとの手段はとられなかった。

また、少なくとも日本だけが一方的廃棄にゆくことはやめようという点に、外務当局は固執しなかった。広田外相が、一九三四年十一月二十七日、在京のフランス、イタリー両大使に対して共同廃棄を提案して拒否されると、十二月三日にはもう単独廃棄を決めてしまっているのである。

これら全ては、「調書」の行間に流れる、第二の批判と結びつく。

すなわち、当時の日本においては、軍縮条約を軍事力の増大への制約と見、その政治的意味を十分理解していなかった、という点である。

この点を、直截にはっきり云っているのは、堀田である。

軍縮条約というものは、非常な政治条約であるが、外務省の人もそういうことを考えていた形跡がない。

政治的条約である、とは具体的に何を意味するのか。

それは、軍縮条約が、関係国間の猜疑心や不信感をおさえる（または軽減する）媒体となる、という意味だけではない。軍縮は、世論に働きかける力を持つ。従って好戦的な感情を冷やしてゆくテコになり得るのである。

しかし、軍縮の政治性とは、さらに深いところに存在する。

それは、国内政治、国内経済への影響である。軍備が拡張されれば、どうしても軍の政治的影響力が増大する。また軍需産業の声がますます経済の中で重きをしめる。国内における好戦的ムードを抑えるには、軍人の政治的関与を排し、産業の軍事化を抑える必要のあることは、論を俟たない。とりわけ、いわゆるシヴィリアン・コントロールの体制が不十分であった戦前の日本では、軍縮条約という国際的枠組は、極めて大きな政治的意味を持っていたと云える。

国家の感情と国民感情

もっとも当時の日本の指導者たちの間に、軍縮の深い政治的意味について全く理解がなかったわけではない。

例えば、一九三四年十二月十一日に行なわれた枢密院会議用に用意された答弁資料の中には、[3]

――ワシントン条約の存置を必要とする根拠は政治的方面よりは或いは之を認め得べけんも……

という文言を見出すことができる。

ここで云う「政治的方面」とは、今日の言葉で云えば、国際政治ないし外交的理由ということであろう。

しかし、そうした「政治的方面」を押し流してしまうような、内政上の潮流があった。それは、国家の威信、すなわち「プレスティージ」に係る面であった。

五・五・三の比率に甘んじるということが何故それほど国家の威信を傷つけるものと考えられたのか。それは、当時の人々、とりわけ軍部の人々にとって、国家の威信とは軍、この場合は海軍の威信と同じものにおきかえられていたからである。

海軍の威信とは、云いかえれば、海軍の面子であった。日本海軍の面子は、国際社会においても、また国内においても、保持されねばならなかった。

日本海軍は、国際場裡ではロンドン軍縮会議で、威信と面子にこだわって条約脱退に走り、またその後、太平洋戦争に突入する過程で、陸軍の主戦論の前に、英米両国と戦って勝算なきことを知りながら、海軍の面子故に開戦に最後まで反対することをあえてしなかったのであった。

元より、国家の威信を大切にした当時の指導層の主義の前に、国民も日本の「威信」なるものに敏感となり、そうした国民感情と海軍の姿勢は、相乗作用をおこして日本全体を正道から逸脱せしめる要因となった。

こうした過程を今日の時点でふりかえる時、われわれは、先ずいわゆるシヴィリアン・コントロール（文民統制）が何故重要かについての真の理解を深めることができる。

シヴィリアン・コントロールは、単に軍の暴走を抑えるといったことに意味があるのではない。それによって、軍備や軍の活動の政治的、外交的意味が明らかにされてゆくところに大きな意味があると云えるのである。

なお、ここで国家の「威信」にこだわった戦前の日本の国民感情が残した後遺症の問題にもふれておく必要がある。

後遺症とは何か。

それは、戦前の暗い思い出のために、今日、国家の威信といった言葉に対して国民的アレルギーが生じていることである。

しかし、国家を支えるものは、国益の増進や国力の養成だけではない。国家の威信や品格も、また国の重要な支柱であるのではなかろうか。

軍縮と国内政治

ここで再び軍縮の政治的意味の問題に戻ると、「調書」に対する堀田のコメントが想起される。

どこの国の軍人でも、軍備ができると戦争をしたくなる。(ロンドン軍縮会議が無効になってアメリカが軍備を拡張できるようになると――引用者注)アメリカ海軍は非常に排日になっていった。

この堀田のコメントは、アメリカ海軍のみならず、日本にもあてはまる。日本の海軍力を拡張すればするほど自信がつき、どうしても反米、反英感情は広がってゆく。そして、軍備の力が強くなればなるほど、外交や政治への軍の介入は、陰に陽に強くなってゆくおそれが多分にある。軍縮は、従って、各国間の猜疑心を抑制するだけでなく、各国国内における軍の政治への介入を抑制する。

この点は、共産主義国や一部の権威主義的国家のように、いわゆるシヴィリアン・コントロールが十分制度化していない国の場合、非常に重要である。米・ソの軍縮交渉は、従って米ソの軍事力の相互抑制だけが目的ではない。ソ連邦における国の政治力を抑えこむ意味においても重要だったのである。

このように軍縮のプロセスは、軍に対する民主的な議会あるいは政党による監視のプロセスを強化するものでもある。このことは、軍縮交渉が、軍事力の数字合わせの話し合いに終るものではないことを意味している。軍縮交渉は、実は、相互のシヴィリアン・コントロールの検証のプロセスでもある。

この意味から云えば、今日、中国に対して日本が軍事費や軍備の透明性を要求していることは、広い意味での軍縮交渉のプロセスの一つと云えよう。軍備交渉はその数量的評価もさることながら、シヴィリアン・コントロールの制度化と安定化を確保することにその一つの眼目がある。

戦前の、日本による軍縮条約の廃棄や軍縮会議脱退は、まさに日本におけるシヴィリアン・コントロールの脱落のプロセスであったのである。

日独提携の始まりと防共協定

誰がために鐘は鳴る

正しいんだ、と彼は、気やすめにでなく、むしろ誇らしく自分に言った。おれは人民を信じ、人民が望むとおりに人民自身が治める権利があることを信じる。だが、おまえは人を殺すことをよいことだと信じてはならない、と彼は、みずからに言い聞かせた。おまえは必要やむをえないこととして人を殺さなければならないのだ。それが正しいと信じてはならない。もしそう信じるなら、いっさいのことが、まちがいになってしまうだろう。

でもおまえは何人くらい殺したと思っているんだ？　おれは知らない。数えようとも思わない。だが、おまえはほんとは知っているだろう？　知っている。何人だ？　何人だか、おまえには、はっきり言えないはずだ。汽車を爆破して、ずいぶんたくさん殺したからな。たいへんな数だ。はっきりしない。でも、はっきり言えるのは？　二十人を超すだろう。すると、そのうちで本物のファシストが何人いたんだ？　たしかなのは、ふたりだ。そのふたりを、味方がウセラで捕虜にしたとき、おれが銃殺しなければならなかった。(4)

この文章は、ロバート・ジョーダンの心の中でのひとり言である。ロバート・ジョーダン。ヘミングウェイの傑作で、イングリッド・バーグマンとゲリー・クーパーの主演で映画化された、『誰がために鐘は鳴る』の主人公である。ロバート・ジョーダンは、スペインの山中にたてこもって、フランコ将軍のファシスト軍に抵抗する共和派（人民戦線派）に身を投じたアメリカ人である。

共和派とフランコ派に分かれた激しいスペイン内戦。それは、一九三〇年代のヨーロッパ内部の思想闘争の一環でもあった。しかも、その余波は世界に及んでいたのである。

世界の動きと日独提携案

スペイン内戦に加えて、一九三五年七月から八月にかけ、世界のその後を左右する事が、一つはモスクワ、一つは中国で生起した。

一見相互に深い関係があるとも見えないこれら三つの事件は、実はその底流においてつながっており、その後の日本外交の流れに大きな衝撃を与えることになった。

モスクワで起ったこととは、コミンテルン第七回大会である。

この大会において、一つの宣言が採択された。

この宣言は、反ファシズム人民戦線の結成をよびかけるもので、ドイツ及び日本の帝国主義を以って共産主義インターナショナルの主な敵と定め、この敵と戦うことが、世界の労働者・農民の重要な活動であることを強く訴えるものであった。

コミンテルンのこの宣言の直後、中国共産党は、延安でのいわゆる大西遷の途次、抗日救国宣言を発表し、国民党初め中国全土の人々に抗日統一戦線の結成を呼びかけた。

同じ年の七月に起ったスペイン内戦では、ソ連は人民戦線を支持し、ドイツとイタリーはフランコを支持し、内戦は国際的な対立と連動した。

しかも、ソ連は第一次五ヶ年計画を終了、スターリン政権も安定化の方向をたどり、国際連盟にも加入し、また仏ソ相互援助条約締結などを通じ、国際的地位の向上が図られ、加えて極東のソ連軍は着実に増強されつつあった。

このような状況の下で、満州の経営にますます困難を感じ、中国大陸で中国軍との緊張が絶えない状況の下で、日本政府とりわけ陸軍は、共産主義国ソ連に対抗する方策を真剣に考えねばならないと憂慮を深めていた。

折も折、ベルリンのナチス党の事実上の外交部長であったリッベントロップから、在独大使館付大島武官に対して、一九三五年半ば頃から日独間の防衛協力条約の締結について打診があり、陸軍は、ソ連に対抗するための良いアイディアとして、そうした可能性の研究を鋭意始めたのであった。

防共協定の動機

やがてこのアイデアは、正式な外交交渉のテーマとなり、一九三六年十一月、日独防共協定に結実した。

この協定にかけた日本の目的、あるいは動機は何であったか。

第一は、極東におけるソ連の「脅威」を前に、ソ連を牽制するための軍事的、政治的パートナーを持つことであった。

第二は、世界的に広がりつつあるコミンテルンないし共産主義の国際的活動に対抗し、共産主義を封じこめることであった。

そして第三は、孤立に陥りつつあった日本の、極東及び世界における立場を強化して、中国との交渉初め国際交渉における立場を有利にしようとする思惑があった。

この最後の点は、防共協定の推進者の一人、有田八郎が、「調書」へのコメントの中で、「自分はアジア局長時代から、中国共産党の動きには、注意していた」と云い、中国共産党への対応の問題を防共協定締結の問題と同じ文脈で述べていることからもうかがえるところである。

東郷欧亜局長の反対

このように陸軍によって始められ、いくつかの外交目的が付与された上で交渉の日程に上った日独防共協定案に対して、時の欧亜局長東郷茂徳は反対の意見を提示した。

東郷は、ナチスドイツの行動は爆発的であり、既成事実を作ってこれを押しつけるやり方をするのでこれと協力するのは難しい。そしてヒットラーの過激な行動は、世界的動乱の源となりかねず、これと日本が結ぶことは得策でない、との意見を具申した。[5]

しかし、東郷の意見は、大勢を覆す力とはならなかった。

「調書」も、防共協定に対する政府部内の反対意見のことについては全く言及していない。

当時外務大臣であった有田八郎の回想録[6]や、「調書」に関する有田のコメントなど総合すると、有田は、ドイツとの漠然たる同盟であれば、ソ連に対する牽制となり、英国も事と次第ではついてくる可能性もあると考えていたようである。

事実は、ソ連を硬化させ、英国に警戒心を起こさせ、英国をむしろソ連側に追いやる流れを作ったことは歴史の示す通りであるが、有田初め当時の日本政府首脳部の、いささか脇のあまい態度の裏には、外交政策の実質上の決定が、陸、海、外務三省の若手課長級の人々の会合を通じて形成されていた[7]という事情が働いていたと考えられる。

軍、とりわけ陸軍の若手の強硬派は、タクティックスないし作戦の形成には秀でても、長期的戦略や広い識見を持たぬ人々であった。

これらの人々の主張が次第に重きをますす状況下で、政府首脳は、若手の暴走に逆らえなかったのであろう。それは、若手将校の血気の結晶であった二・二六事件の余燼がくすぶりつづけていたからであり、国民のムードがそうした若手の気負いに声援を送っていたからである。

この日独防共協定には、やがてイタリーが参加し、エチオピアへ侵攻したイタリーと、満州に覇をとなえる日本が、「孤立」から脱却するために提携するという要素が加わった。

その時点で、日独協定は、防共という当初の目的をこえて、西のヴェルサイユ体制、東のワシントン体制を完全に打破しようとする、現状打破グループの結合の核となったのである。

「調書」の反省

こうした動機と背景を持つ日独防共協定締結について、「調書」は、外務当局としたことが、国際情勢の認識に甘さがあったとの趣旨の批判を加えている。

防共協定の意図は（日本側としては）対ソ牽制にあったとしても、当時既にナチスドイツに対して英仏初め諸外国は、反撥を感じており、そのナチスドイツと、満州問題で連盟を脱退した日本が結びつくことは、こちらの意図がどうあれ、国際社会においては、英米に対抗する現状打破勢力の結合とみられることは明らかであったはずである――こう批判するのである。

有田八郎自身、「調書」へのコメントの中で、日独防共協定の署名にあたって枢密院に諮った際、石井菊次郎枢密院顧問から、「ドイツは本当に信用できる相手かどうか、過去の歴史を十分調べたか」と質問されたことに言及しているが、行間を読むと、有田も、ナチスドイツの本質や本音をもっと十分勘案して検討すべきだったとの悔いを持っていたように感じられる。

他方、堀田は、防共協定は、ロシアの脅威に備えるためのものであり、同時に、これによってロシアをたたけという陸軍の一部の北進論を抑えるためのものでもあったので、外交当局の選択としては、それなりの理があった、と弁護に回っている。

しかし、この論理に立てば、国内の強硬論を抑えるために国際条約を活用するということになり、日本としては条約の目的、趣旨に心底からはコミットしていないことになる。国際条約をこのように活用することの是非は、十分慎重に検討されねばならないことであろう。

いずれにしても「調書」は、日独防共協定を結んだ論理についてこれを真っ向から批判はしていないが、日独防共協定が英国を刺激することを恐れて、外務当局が日英国交調整などの努力を払ったことや、日独協定をできるだけ「薄墨色」にして英国を刺激しないようにしたといった点については鋭い批判を加えている。

すなわち、条約の文言を多少いじくってみたとて仕方がなく、英国を含めた国際社会が日独の協定をどう受けとめるかは自明であったとし、結論として、防共協定は、孤立から脱却したいという感情を満足させただけでなんら実利を伴なわなかったと断じている。

たしかに、今日から見ても、英国の立場についての認識の甘さや、国際社会全体のうけとめ方についての深い考察の欠如といったことが目につくが、「調書」も、されば当時の情勢下で、ドイツからの誘いを断ることができたか、とりわけ陸軍が外交ルートの交渉の前段階で既にドイツにコミットしている状況の下で、外務省が仮に正しい認識をもって強く反対したとしても、条約を流産させることができたかどうかについては、「調書」は口を閉している。

イデオロギーと国際政治

しかし、この点にをさらに深く考察してみると、イデオロギーと国際政治との関係につきあたる。「調書」は次のように云う。

　国際共産勢力なるものの脅威は、当時国際的にさほど感ぜられていなかった。（中略）日本が中国に進出するに際しては、よく防共ということを口にしたが、それはいわば口実であり、又、一般にそう認められていた。従って、世界の非共産主義諸国の反共連盟の結成というようなことは、全く夢に過ぎなかったわけである。今日の世界の情勢にかんがみれば、先見の明があったといえないこともないかも知れないが、果してどれだけまじめであったか疑問であり……

（以下略）

ここでは、第二次大戦後の東西冷戦から云えば、「反共」には「先見の明があった」といえないこともないが、一九三〇年代においては、「共産主義の脅威」はそれほどは国際的に一般化しておらず、日本自身もどれだけ真面目であったか分らないという論理が展開されている。けれども、これはやや奇妙な論理である。

一九二〇年代以降、共産主義は、ソ連で現実の政権党となり、また社会主義政党は、西欧においても出現していた。否、むしろ第一次大戦やそれ以前においてすら活躍した社会主義の政治運動が、ソ連の共産主義やスペインの人民戦線を生んだと云える。

云いかえれば、共産主義、社会主義といった、階級論に基づいて市民、労働者、農民を政治的に動員する流れは、西欧社会において定着しつつあったのである。こうした流れを、できるだけ伝統的な政治制度の中にとりこんでゆこうとするか、それとも、そうした潮流に逆って、これをできるだけ排除し、市民を国家主義的方向に誘導してゆくか——世界はこの二つの分岐点に立っていた。

ここでファシズムを選んだのが日本やドイツであり、民主的な制度化の方向を選んだのが英国を初めとする国々であった。従って、日本は不真面目どころか、真面目に反共であった。しかし、その反共産主義思想は、民主主義の立場からの反共産主義ではなく、国家主義ないしナショナリズムからの反共であった。従って、そこには先見の明どころか、歴史の流れに対する認識不足があったと云わざるを得ないであろう。

云いかえれば、世界は、民主主義陣営かファシズムグループかというイデオロギーを軸とした戦いの図式になりつつあり、それだけに、イデオロギーをこえて、国家的利害を戦略的あるいは戦術的に調整していくことのできる幅が次第にせばまっていたのであった。

そういう状況下で、日本の外交当局が、ドイツと反共同盟を結びながら、それを「薄墨色」にすることによって英国とも何らかの協約を結び、できうれば、英国も含めた日独英ソの協調を実現したいと願ったことは、世界政治におけるイデオロギーの重要性、いいかえれば、国のよって立つ信条と思想が、国家間の紛争の源流になりつつあることを見誤ったからではあるまいか。

民主主義という「偽善」

もっとも、ここで「調書」が、日本の反共産主義もどこまで真面目であったか疑問である、と云い切って、国際政治において、イデオロギーないし政治的信条を高く掲げる場合に存在しがちな偽善（すなわち、主義や思想の違いという名目で実は、経済的、軍事的利害の相違をカムフラージュする偽善）を、それとなく批判していることは注目してよいところである。

第二次大戦後においても、民主主義や反共産主義の旗印が、民族の自由・解放運動を抑圧し、特定の国家ないし国家群の利己的利益や、「帝国主義的野望」のために悪用ないし誤用された例は、いわゆるヴェトナム戦争の多くの局面においても見られたところである。また一九三〇年代から四〇年代にかけての、民主主義対ファシズムの戦いという図式が、真のイデオロギーの対立以外（またはそれ以上に）国家間の利害の対立を基軸とし、だからこそ「民主主義勢力」と称する人々が、スターリンの如き独裁者と手を結ぶことをためらわなかったという偽善が存在したことも事実である。

今日においても頻々民主主義国の偽善ということが語られる。

すなわち、米国や日本初め、いわゆる西側先進国が、戦略的利害から軍事政権や非民主的体制の国家を政治的、経済的に支援し、その反射的結果として、その国の民主主義勢力の政治活動を間接的にせよ抑圧することに一役買ったと見られる例は枚挙に暇がないからである。

このことは、イデオロギーと国際政治との関連について少なくとも次の点を示唆している。すなわち、国家的利害が一致する場合には、違った政治思想の政権との利害調整においてイデオロギーの違いは克服しうるが、国家的利害に大きな相違が存在する場合、イデオロギーの違いは実態以上に強調され、国家的利害の調整をますます困難にする、という点である。

いわばイデオロギーの違いの程度と国家的利害の違いには、ある種の非対称性が存在するのである。

この点と関連して考えねばならないポイントがある。

それは、もし、国家的利害を大きく共有するが故に、非民主的政権とも協調、協力してゆくことを民主主義の偽善とよぶのであれば、民主主義国同士において民主的価値の共有を強調することによって、あたかもそのことが、国家的利害対立を柔げる万能薬であるかの如く考えるのも偽善的である。価値の共有は、国家的利害対立の範囲や程度を全体として少なくすることはあっても、それによって国家的利害対立が見逃がされてはならないのである。

英国の核戦略をめぐる、いわゆるスカイボルト事件(8)における米英の確執や、英国による米英航空協定の廃棄など、親しい同盟国同士の激しい対立の例も稀ではない。また、先般のイラク戦争における米仏の確執も、いわば当然あってしかるべき衝突であって、これを異常なことと考えること自体に、ある種の知的あるいは政治的傲慢があると云っても過言ではない。

同盟と価値の共有

日独防共協定をめぐるこのような歴史的回顧は、我々に同盟とイデオロギーあるいは価値観の共有の問題の重要性をいっそう意識させる。

かつての日独協定は、反共というイデオロギーと、ソ連封じこめという共通の戦略によってなりたっていたが、この同盟を真に支えるような、日独間の価値観の共有とその強化への努力はなされなかった。その理由の一つはもとより、両国の政治、社会体制と国民の価値観に深い「共有」がなかったせいであるが、その他に、両国とも、同盟を一種の便宜的方策と見、国際情勢の変化に応じてその適用方法や意義も異なってくるとの暗黙の前提をおいていたからである。

この点は、逆の意味で、今日我々が念頭におくべきポイントである。

すなわち、いかなる同盟といえども、その意義と意味は、国際情勢の変化に応じて変らざるを得ないという点である。

その場合、変転する国際情勢に応じて、適確に同盟が機能し、その意味を柔軟に変化させてゆけるためには、根本において関係国が共通の価値と理念と利害を共有していなければならない。

新しい意味が同盟に付与されてゆき、古い意味が脱皮されてゆくためには、共通の価値観に基づく相互の信頼がなければならない。

今日、日米関係において、しばしば価値の共有が強調されているのは、同盟の意味が、時とともに柔軟性をもって変化してきていることを暗示するものである。

価値の共有は、特定の同盟を徒らに神聖化したり、固定化するためのものではなく、逆に、同盟に柔軟性と機動性をもたせるための謳い文句なのである。

（1）鹿島平和研究所『日本外交史』第十六巻「海軍軍縮条約、不戦条約」鹿島研究所出版会、一九七〇年、三～四頁。
（2）同右、二九一頁。
（3）同右、三三〇頁。
（4）ヘミングウェイ・大久保康雄訳『誰がために鐘は鳴る』（下）新潮文庫、一九九四年、一四四頁。
（5）東郷茂徳『時代の一面』原書房、一九八五年、九六頁。
（6）有田八郎『人の目の塵を見る』、大日本雄辯會講談社、一九四八年。
（7）鹿島平和研究所『日本外交史』第二一巻、堀内謙介「日独伊同盟、日ソ中立条約」鹿島研究所出版会、一九七〇年、五八～六〇頁。
（8）Richard Neustadt "Alliance Politics," Columbia University Press, 1990.

日本外交の過誤（二）軍縮会議脱退、日独防共協定締結

日本は、国際連盟脱退後、昭和九年にはワシントン海軍軍縮条約を廃棄し（十二月二十九日）、又、昭和十一年には、ロンドンの軍縮会議からも脱退した（一月十五日）。両者［英米と日本と］の国力には大きな懸隔があったのであるから、日本の国力についての現実的考慮からすれば、いずれもまとめた方が有利な話であったはずである。

こうして、日本と米英側との溝は、ますます深められ、国際的に孤立の状態におちいって行った反面、ソ連は、その国力が充実して行くと共に、国際連盟加入や、欧州方面の隣接諸国との間の各種条約の締結によって、国際的な地歩を固めて行った。そこで、ソ連に対して利害関係の相似たドイツとの間に何等かの政治的接近の必要が唱えられるようになってきた。

ドイツの方からは、すでに昭和十年半ばごろから、非公式の打診があった。翌昭和十一年日本側からドイツの意向をあらためて打診した結果、ドイツ側から具体案が提示された。当時、外務省としては、（イ）ソ連を過度に刺激しないこと、（ロ）日独提携により、列強ことに英国が不必要に不安をいだくことがないように考慮する要があり、英国との間に、日英両国に共通な諸重要問題に関し相互に隔意のない協議をなす趣旨の協定を結び、両国利害関係調整のため積極的に乗り出すこと（この第二点については、陸軍側の反対があったが、外務省は強硬にこれを主張した）の二つの観点から、ドイツの提案を修正し、結局、原案よりは相当緩和された形において協定が成立した（昭和十一年十一月二十五日）。

この協定は、表向き共産インターナショナルを対象とするものであるが、別に秘密協定として、締約国の一方がソ連から挑発によらない（この文句は日本側の希望で入った）攻撃又は攻撃の脅威を受ける場合には、他の締結国はソ連の地位につき負担を軽からしめるよう措置を講じないこと*という約束がついていた。

このように、防共協定締結の意図は、対ソ牽制にあり、英仏等を対象とするものではなかったが、当時すでにヒトラーのナチスドイツに反感を感じていた諸国が、満洲問題も落着せず、北支方面にも着々その手をのばしつつあった日本とかかるドイツとの結合を、その表面の意図のいかんにかかわらず、政治的にいわゆる現状打破派の結合と見なすべきは、当然のことであった。

翌昭和十二年には、イタリーが防共協定に参加し、日独伊三国間の協定になったが、当時の国際情勢に照し（イタリーのエチオピヤ問題等）、この協定は、一そう明らかにいわゆる民主主義諸国に対抗する意味を示すことになった。これは、当時の内外の客観情勢からすれば、当然の成行であり、こうして、英米と離れて行った日本が独伊と結んで行く第一歩となったのである。

当時の外務当局が日独の協定をできるだけ色の薄いものにしようと努めた気持はわかるが、いくら色を薄めたところで、現実の政治的な意味合いには大して変りはない。政治的に重要なのは、協定の文言ではなく、文言のいかんにかかわらず、それが国の内外においてどう受け取られるかということである。まして、ソ連ないし、国際共産勢力なるものの脅威は、当時国際的にさほど感ぜられていなかった。ソ連自身は、革命以来、第二次大戦の直前までは、少くとも、対外武力行使に関する限り、ずっとおとなしくしていた。コミンテルンなるものの活動も、ソ連以外のどの国でも共産革命を成就せしめえなかった位だから、国際的な対抗措置を講ずる必要がある程の脅威とは認められていなかった。それに反して、日独伊の方が国際的に脅威を感ぜられていたのである。日本が中国に進出するに際しては、よく防共ということを口にしたが、それはいわば口実であり、又、一般にそう認められていた。従って、世界の非共産主義諸国の反共連盟の結成というようなことは、全く夢に過ぎなかったわけである。今日の世界の情勢にかんがみれば、先見の明があったといえないこともないかも知れないが、果してどれだけまじめであったか疑問であり、又たとえ先見の明があったにしたところで、一般に受け入れられなければ、現実的には無意味である。

この協定の締結と併行して、英国との国交調整をも実施するとの方針については、その後この問題は、取り上げられるには取り上げられたが、結局実を結ばなかった。

結局、防共協定の締結は、日本の国際的な孤立を脱却したいという感情を満足させた以外、その対外関係において何等の利益をもたらさなかったといってよい。

＊ソ連の地位につき……　要するに、ソ連を間接的に助けるようなことはしないこと。

第三章　日中戦争と中国のナショナリズム

『新生』誌上の不敬事件

一九三五年五月四日、上海の週刊誌『新生』誌上に、「閑話皇帝」と題する投稿記事があった。ほとんど誰の注目もひかなかったこの記事は、六月十一日から十三日にかけて天津の新聞『大報』に転載され、多くの人の目にふれることとなった。

その記事の要旨は、次のようなものであった。

> 英日等の各皇帝は、骨董なる故、博物館へ送らば如何。現在の皇帝は昔と異なり有名無実なり。日本の天皇は生物学者にして、世襲により天皇たるに止まり、外賓接見、観兵式、請儀式上その必要ある場合のほか、人民は天皇を忘れ居れり。日本の真の統治者は軍部及び有産階級なり。生物学の研究を喜ぶ日本天皇が一意研鑽せば現在以上になるべし。……（中略）……学術上より云えば天皇たるは惜むべし。現在の日本はこの天皇なる一個の骨董を大切に為し居れるか、日本現在の統治上にては天皇を国内各層の衝突の緩和に供し一部の人間の罪悪を粉飾する為なるべし[1]（以下略）（原文は片仮名、一部旧仮名づかい等を訂正）

これを見た日本の在天津総領事川越茂は、時の天津市長に抗議、また在上海の石射猪太郎総領事も上海市長に抗議し、『大報』や『新生』における責任者の処罰についての約束をとりつけ、外交問題としては落着した感があった。

ところが、日中関係が既に緊張していた時期の出来事だけに軍部は、さらに強硬な措置を要求、外交当局もそうした圧力をうけて中国側とかけあった結果、『新生』の社長、杜重遠を起訴、結局杜は、上海の裁判所で、懲役一年二ヶ月の判決をうけた。

判決をうけた杜は、これを不当として法廷内で抗議の声をあげ、それに応えて傍聴席の中国人たちが、打倒日本といった叫び声をあげ、ここに、一地方誌の小さな記事は、日中間の感情をこじらせる象徴的事柄に発展したのだった。

「日華事変」への道

『新生』事件が、こうも日中両国の感情を刺激した一つの要因は、この事件の起こった当時、既に、日本軍の介入は、満州をこえて徐々に中国北部に及んできており、これに対する中国側の反発も激化していたところにあった。

元来、日本の軍部のみならず多くの人々が、満州を日本の生命線と考え、満州の安定を望めば望むほど、満州に隣接する中国の北方、熱河省や河北省などの華北の安定に日本が関心を持たざるを得なくなってくるのは自然な成行きであった。

こうした状況下で陸軍は早くから華北に独立または半独立政権を作り、南の蒋介石政権や台頭しつつある中国共産党勢力に対する、一種の緩衝地帯としようとした。

これに対して、一九三四年十二月七日、陸海及び外務の三大臣は、中国政策に関する意見調整を行ない、「対華政策」を決定した。

それは、中国において「積極的に新たに地方政権の発生を助成するが如き措置は之を避くること」との決定を含んでいた。

しかし、満州の関東軍や華北に駐留する日本軍は、華北からの抗日「分子」の活動が、満州の安定を損ねているとして、華北に親日政権を作ろうとする動きをやめず、その条件を整えるためもあって、華北から中国中央軍の撤退を要求する協定、すなわち、いわゆる梅津・何応欽協定や土肥原・泰徳純協定を結んで、着々と既成事実を作りあげていた。

こうした現地での緊張の高まりを懸念した政府は、一九三五年十月四日、中国問題への対処について三相（外相、陸相、海相）間の諒解を作成、いわゆる広田三原則を決定した。

三原則の概要は、次の通りであった。

一つは、中国に対して排日言動の徹底的取締りを要求すること

一つは、中国に対し、「究極的には」満州国の正式承認を要求するも、さしあたり満州国の独立を事実上承認すること

一つは、外蒙古などより来る共産主義勢力の排除に日華両国が協力すること

であった。

一方、中国側は、一九三五年九月七日、駐日大使蒋作賓を通じて、大略次のような中国側三原則を

提示してきていた。

一つは、日華両国は相互に相手国の完全な独立を承認すること
一つは、両国は真の友好を維持すること
一つは、両国間の全ての事柄は、平和的手段により解決すること

の三点であった。

両者の三原則は、容易にあい入れるものではなかったが、ともかくここに日中間の国交調整のための土台ができつつあった。

この土台の下に話し合いを進めるべく、有吉明駐中国大使は、一九三五年十一月二十日、南京で蒋介石と会談した。

有吉は、この会談を通じて、蒋介石が当面最も憂慮していることは、日本側の華北自治工作であるとの感じを強く抱き、そうした工作の推進を手控えるよう進言した[2]。

しかし、会談後数日を経ずして、東京から有吉大使に対して、蒋介石にどれほど誠意があるか分らず、わが方としては、この際ある程度の既成事実を作っておく必要がある、との趣旨の訓令が舞いこみ、有吉の進言は葬り去られたのであった[3]。

「調書」の批判

こうした一連の流れ、とりわけ満州問題が中国全土の問題へ波及する糸口となった華北の自治工作について、「調書」は、これを批判して次のように云う。

(陸軍の華北自治工作を)抑制しようとはしないで、国交調整を行わんとしたが、それではだめなことは、当然であった。……(中略)……工作を抑制してかかったならば、当時の国民政府内の情勢から見ても、満洲国問題は黙過の形において、国交の調整することも相当可能性があったと思われる。……(中略)……しかし、満洲で打切りにして両国の国交を調整するということの可能性は、結局まじめに追求されないままで、支那事変(日中戦争)に突入した。

なぜそうなったのか。

なぜその可能性はもっと真剣に追求されなかったのか。

それは、軍はもとより外務当局も、華北における自治推進工作が、中国側を硬化せしめ、抗日抗戦の決意を強めさすだけであって、決して日本側の交渉上の立場を強めることにはならないという点について認識が甘かったせいであろう。

第二に、外交当局が国内に存在する有力な味方と連合勢力を作ることを怠ったためでもある。

「調書」の下地となった「作業ペーパー」において、

陸軍の華北五省分離工作に対しては、陸軍でも満洲国の建設を先ず第一と主張する者は、その行過ぎに反対であった。

と、のべているが、この文章には、その裏に、そうした勢力を外交当局が十分活用できなかったことに対する反省がこめられていると見るべきであろう。

陸軍の一部のみならず、海軍にも、戦線の拡大に反対の人々はいたはずである。ところが、そうした人々の勢力を結集できないまま、成都事件がおこり、海軍でも、中国（中央政府）に対する強硬論者が台頭し、日本の立場をさらに硬化せしめてしまったのであった。

ここで云う成都事件とは、一九三六年八月二十四日、四川省成都を訪れた日本人グループ四人のうち新聞記者二名が暴徒に惨殺された事件であり、成都は自己の勢力図と考える海軍は陸軍以上に中国に対して硬化したのであった。

この時、外務当局は、「禍を転じて福となす」との合言葉の下に、成都事件の収拾を蒋介石側と行なう過程で、日中間の国交調整問題全体を前に進めようと努力したが、結果的には、中国の弱みにつけこんで国交調整の日本側の条件を厳しく要求し、そうすることによって陸海軍をなんとかなだめようとする政策をとったことになった。

云いかえれば、ここでも、中国の犠牲の下に、国内の行きすぎた議論をなんとか抑えようとする政策がとられたと云える。

当初、ともかくも話し合いの糸口だけはつくかに見えたこの交渉も、ほどなく関東軍が内モンゴルで中国側と衝突し、これが中国をいっそう硬化させ、同時に日本側の統制能力に対する中国の不信感を倍加させた結果、失敗に帰すのである。

教科書問題の原点

因みに、この段階における日中交渉の過程で、当時、国民政府の張群外交部長が、川越大使に対し、教科書問題について次のように言及していることが注目される。

> いはゆる排日教育については既に教科書審査委員会を設け、政府の命を奉じ、その内容を審査し、他国を侮辱もしくは非難または悪感を挑発するが如き記事を禁じ、事実のみを記載せしむることとなり居れり。他方教育部当局が日本の教科書を研究せるに、支那を侮辱せる記事も少なからざる趣にて、この点は日本側においても取締られたし。(一九三六年九月二十三日の川越・張群会談)〔原文は片仮名。旧仮名づかいを訂正。昭和十一年九月二十四日の在南京須磨総領事発有田外務大臣宛電報第七三九号ノ二。いわゆる島田文書、昭和十一年「支那問題経緯」に所収〕

この発言は、一見、排日的言辞を中国の教科書からとり除くことの見合いで、日本の教科書においても反中国的な記述は取締ってほしい、と云っているだけに見えるが、実は、この二つの事柄のリンクには、中国側の深い憂慮がこめられていたとみるべきである。

すなわち、中国の排日の表面的原因は、日本軍の中国における侵略的行為であるが、そうした行為の裏にある、日本人の中国に対する侮辱的な態度こそが、実は軍隊の存在そのもの以上に中国人を刺激しているという憂慮である。

このことは、現在における教科書問題の取扱いにあたっても、念頭におくべきポイントである。教科書問題は、とかく侵略か進出か、南京「大虐殺」の程度如何といった歴史的事実の記述や歴史の認識の問題として提起されやすい。しかし、そこで真に問題とされていることは、歴史認識そのものもさることながら、その奥にある日本の中国や朝鮮半島の国々に対する、ある種の侮辱意識（少なくとも過去におけるそうした意識）の問題という側面ではないのか。

何故、中国や韓国が、日本人の歴史認識を今日に至るもそれほど問題とするのか——それは、つまるところ、日本人の近代における中国観や朝鮮観の中にひそむものへの不信感であると云っても過言ではないのである。

従って、教科書問題は、教科書の中の記述の正確さの問題だけではなく、もっと深く、広い問題なのである。

盧溝橋事件

それはそれとして、日中間の国交調整がうまく進まないうちに、日本軍の挑発的行為と中国側の排日行動は次第にのっぴきならぬ緊張を生んでいった。

そして、一九三七年七月七日、運命の盧溝橋事件がおこり、日中両国軍の全面的衝突への導火線に火がついたのであった。

盧溝橋は、北京の西方、永定河にかけられている古い石橋で、英語でマルコ・ポーロ橋とよばれていることはよく知られている。十三世紀に元朝に仕えたマルコ・ポーロがこの橋の上から周囲の景色を眺めて鑑賞したという伝説から名づけられたといわれているが、一九三〇年代には、このあたりは、丘のある地形や周囲に荒れ地が多いことなどから日本軍の演習に使われ、また周辺には、中国軍も駐屯している場所であった。

一九三七年七月七日の夜、この盧溝橋付近で夜間演習を終えた日本軍が帰営の準備にとりかかっている時、一発の銃声が轟き、つづいて数発の銃声が鳴り響き、連絡をうけた北京の連隊長は一個中隊を現地に派遣、中隊が到着するや、中国軍との間で撃ち合いとなったのであった。

現地ではとりあえずの停戦が日中間で合意されたが、一触即発の事態の中で日中両国軍が衝突したため、中央の指令と現地の対応が完全に一致しないまま事態はエスカレートしていたのであった。

もとより当初から、外交当局はもちろん、軍の首脳部も事態の不拡大を方針とした。

七月九日の臨時閣議も、「我方としては事態不拡大の方針を堅持する」と決定した。

しかし、それにも拘らず事態は拡大した。

何故か。

当初の段階において、拡大への最大の誘発要因となったのは、内地師団派遣の決定であった。

にのべている。

「調書」も、盧溝橋事件の拡大への最初の重大な決定は、内地師団の派遣であったとして、次のよう

それまでの軍のやり方にかんがみれば、事態の拡大を（政府全体として――引用者）避けるつもりであったならば、（外務省は――引用者）派兵には絶対反対すべきであった。現に当時外務省の事務当局は、広田外相にその旨を進言したが、外相は閣議においてあっさりこれに同意し、兵力は不要になったら、いつでも引揚げるということだったからと弁明したといわれる。事実とすれば、事変拡大阻止の誠意を疑われる程の表面的な責任回避であったという外ない。

この「調書」の広田外相批判は、半分正当化しうるとしても、半分は若干不正確な事実把握によるもので広田に対してやや酷である。

この批判は、内地師団の「動員」を決定した七月十一日の閣議における広田外相の態度をその対象としていることは明らかであるが、果してこの閣議で広田は、動員に実際、反対し得たであろうか。元来、七月八日の閣議決定自体にも、「もし中国側に反省の色なく、憂慮すべき事態を招来する危機を見るに至らば、我方としては、適切迅速に機宜の措置を講ずる」との一項があった。従って、軍関係者が現地情勢は憂慮すべき事態であると主張した場合、これに「外交的」見地から反論することは難しかったであろう。

また、数日後の近衛首相の言動（わざわざ政府の強硬な決意を公にする言動）から見て首相は、か

なり軍部寄りの姿勢であったはずであり、広田としてみれば、首相の姿勢を勘案した可能性もあろう。

それよりも重要なことは、石射猪太郎東亜局長が、閣議に出席する直前の広田外相に対して、陸軍部内の意見不統一の事情をのべ、陸軍の内部の動員反対派から、密かに外務省に対し、「閣議の席で陸軍大臣から動員案が提示されたら外務大臣の方で反対してもらいたい」との申し入れが来ていることを内話した事実である。(4)

広田にしてみれば、動員反対の政治的責任を一切外交当局におしつけようとしている軍の態度こそ問題である、反対ならば自分自身でそれを云い出す勇気が必要であり、軍が面子や内部事情から云いたいこと云えずに、外交当局に責任を転嫁しようとしているのならば、それこそ問題であり、軍のお手並を拝見しようと云う、一種の政治的意地が働いたとも考えられる。また、広田の立場からしてみれば、軍内の反対も相当存在するのであれば動員にはあえて反対せず、実際の派兵の段になって真にその是非を判断すべきであるとの考えに傾いたとしても不自然ではない。

あるいは、このあたりの真相は、「調書」に対する堀田のコメントが、正鵠を得ているのかもしれない。

堀田は、云う。


広田は南（陸軍大臣——引用者）と気脈を通じていた。満洲事変の失敗に鑑みこちら（外交当局——引用者）で軍よりも積極的に行こうというような考え方だった。

先にも言及した、近衛首相の、軍をむしろ煽るような態度も、同じような考えに出たものとも考えられる。

軍部に真っ向から反対しているだけでは全く相手にされなくなる、むしろ軍の機先を制す位の態度をとりつつ必要に応じて軍の暴走を抑制してゆこう――そうした考え方が、首相や外相の脳裡にこびりついていたように思われる。

しかし、そうした態度は、「調書」が批判しているようにむしろ裏目に出た。

首相も外相も、派兵反対勢力の結集に全く失敗し、むしろ積極派に言質をとられたようなかっこうになったからである。

例えば外交当局は、この段階で、英国ないし米国に日中間のあっせんを依頼するという考えを頭から否定してかかった。グルー駐日米大使の東京でのアプローチ、あるいは英国外務次官補のロンドンでのアプローチ、いずれに対しても外交当局は全く反応せず、英米の力を日中間のしこりをとくために巧く活用するという発想に至らず、いたずらに中国を英米の方へ傾けさせるだけに終ったのであった。

それでもチャンスはあったはずである。それは、動員決定から派兵決定に至るまでは、まだいくつかの閣議を経なければならなかったからであった。事が内地軍の派遣である以上、満州における関東軍の独走とは異なり、内閣が決定しなければ、現地が既成事実を先行さすわけにはいかない問題であった。

首相、外相、海相、蔵相等の一致した反対があれば、陸軍大臣も派兵に固執できなかったはずである。林久治郎が、「調書」へのコメントの中で云う通り、金を出すことを拒めば派兵はおろか、関東軍の暴走も止め得たはずである。もっともその代償として大臣が、四、五人暗殺されることはあったかもしれないのである。(5)

海外派兵の意味

こうして日華事変の不拡大方針は、ずるずるとなしくずし的に放棄され、結局、七月二十七日、北京郊外での日中両国軍の衝突を機に、内地師団の派兵が最終的に決定されてしまうのであった。

軍が内地にいる間は、いかに軍の独走とか統制の乱れとか云っても、部隊が一存で戦闘行為を行なうことは(クーデターのような政治的行動は別として)あり得ない。

しかし、いったん兵が海外に派遣され、在留邦人の保護、日本の権益の保護に携ることになると、事態の急変や相手の挑発によって、「自衛のために」戦闘行為に走ることはとめられない。

「軍部があそこまでやれたのは、結局外国に兵をおいていたからである」。

有田八郎のこの言は真実の一端をついた言葉といえる。

海外派兵、駐留の期間と条件、そして海外における自衛の名の下での戦闘行為――そうしたものについて、今日神経質なまでの議論が行なわれるのも、過去の教訓に照らせばうなずけるところがある。

他方、過去の経験に照らせば、派兵後の部隊の行動を縛ることに重点をおくのは本末転倒であり、問題は、派兵そのものの決定が、真に民主的プロセスの下に、軍事的考慮以外の考慮も十分勘案した上でなされるような、制度的保障があるかないかが問題である。またそうした制度の下において、誰が派兵について真の責任を負担するのかが明確にされていることが肝要である。

しかも、事と次第では生命の危険にさらされる海外派兵を行なうのであれば、その責任者自らも生命を投げ出すほどの覚悟がなければならないであろう。

和平工作の失敗

出兵がやめられないのであれば、事態を収拾するための唯一の残された道は、「敵」の本丸、蒋介石との和平交渉しかない。

つとに、満州の建設と安定に全力をあげ、中国内の他地域への兵力分散を作戦上しつこく反対し続けた石原莞爾は、盧溝橋事件に伴なう戦火の拡大を憂慮して、この際満州の外にある日本軍は全て満州と華北との国境まで撤退することとし、同時に、それをテコにして南京の国民政府と膝詰め談判を行なって和平を実現する。そのためにはトップ会談が必要であり、近衛首相自らが南京に飛んで蒋介石と会談すべきであると強く陸軍大臣に進言したと云う(6)。

このアイデアは、あまりにも大胆なものである上、蒋介石の出方も分らぬ以上危険が大きすぎる賭であり、加えて、それだけの政治的賭に挑むような気質を持った総理ではないといった事情からであろう、全く検討もされずに、一夜のエピソードとして終ってしまった。

しかし石原の案ほど大胆でなくとも、なぜ当時の日本政府は肝腎の蒋介石と、ハイレベルの直接談判を一切しようとしなかったのであろうか。

交渉を現地の総領事や大使に任せたまま、外務大臣、陸軍大臣が、現地へ飛び、相手の指導者と直接話しあうというイニシアティヴが全く見られなかったことは、今日から見ると驚くべきことである。

しかも、もっと驚くべきことは、そうしたハイレベルの直接談判という考え方が、早い段階で、外交当局からではなく、むしろ軍部の中枢の一人から出ていたことである。

もっとも、このような形で当時の外交当局を批判するのは不公平かもしれない。なぜならば、蒋介石との和平工作はいろいろな形で続けられたからである。

早い段階での和平工作としては、船津工作があった。

一九三七年七月末、陸軍の石原莞爾作戦部長のイニシアティヴによって、陸軍のいわゆる穏健派と海軍及び外務省の三者が連合して和平工作を推進し、強硬派を抑えこむため、かつて上海総領事を経験したが今は民間人となっている船津辰一郎を上海に極秘裡に派遣し、南京政府との交渉にあたらせることとなった。

ところが、船津工作が開始された途端の八月九日、上海の租界に近い路上で、日本軍の大山中尉が水兵とともに中国側保安隊に射撃されるという、いわゆる大山事件が勃発し、工作は頓挫したのであった。

また、一九三七年十一月には在中国ドイツ大使トラウトマンを通じて蒋介石と直接和平交渉を行なった。

蔣介石は、日本との和平交渉に入ることは同意したが、日本軍が進撃をやめることが条件である旨トラウトマンに要請した。

しかし、日本軍は十二月十三日、首都南京へ突入した上、北京に「中華民国臨時政府」を樹立する旨宣言して、公に蔣介石政権打倒を叫び出し、和平工作は再び挫折したのであった。

その後一九三八年六月になると、南京政府の行政院長孔祥熙を主たる相手とする孔祥熙工作が行なわれ、裏工作も含めれば日中和平工作は断続的に継続された。

しかし、和平が実現できたとすれば、それは事態が泥沼化する以前、すなわち、一九三七年から三十八年半ば頃までの期間であろう。

現に「作業ペーパー」も、トラウトマン工作、孔祥熙工作までは若干の脈ないし工作の価値があったとの趣旨をのべている。

ひるがえって、この段階での和平工作が失敗した理由は何であろうか。

表面的ないし一義的理由は明らかである。

和平工作の申し入れあるいは話し合い中に現地の日本軍が次々と既成事実を作り上げ、それが日本の交渉条件に反映されるので、日本側の立場はますます強硬になったからである。

「調書」は、この点について、「結局、事変が拡大し、長びくにつれて、日本側の条件が実質的に過酷にな」ったせいであるとのべている。

その反対に、中国側では、日本軍の振舞いに世論はますます激昂し、中国の交渉当事者としては、ますます日本に譲歩しにくくなっていった。加えて、日本軍が事変を拡大すれば、逆に日本を次第次第に泥沼にひきずりこみ、長期持久戦にもちこんで日本の国力を消耗させるという作戦が、中国側で勢いを得てくることは明らかであった。

こうして、二重の意味で、和平工作はますます困難になっていたのである。

しかし、それにしても、石原莞爾等の陸軍の穏健派や海軍や財政関係者を、もっとひきこんで、必死の覚悟で外交当局は和平工作を何故もっと果敢に進められなかったのか。

一つには方法上の問題があった。

佐藤尚武元外相が、「調書」へのコメントでのべている如く、外務省も軍の穏健派も、いささか最初に大風呂敷をひろげすぎていた。「解決しやすいものから懸案を一つ一つ片付けて行ったなら」（佐藤の言葉）、日中間に少しずつ信頼関係が醸成され、それが大きな和平工作へつながったのかもしれない、というのである。

第二は、当時外相という中心的ポストにいた広田弘毅の考え方に問題があったとする人が多い。

例えば、幣原喜重郎は、その回想録の中で、一九三七年秋、旧知のトラウトマンを通じて日中和解工作をしてはどうかと広田外相に進言したが、広田は「陸軍大臣にも話してみたが、いずれにしても日本軍が南京でもとったら」(7)ということで積極的でなかったとのべている。

また東郷も、盧溝橋事件発生直後の閣議に臨もうとする広田外相に対して、出兵はさしひかえるよう進言したが、閣議から帰ってきた外相に聞くと「出兵は中国側との交渉を容易ならしめるべし」と

の主張があって、結局出兵に決したとのべている。(8)

この二つの回想に共通の点は、（広田自身の考えであったか、陸軍の考えに広田が同意しただけであったかは別として）広田は、既成事実を作った上で交渉する方が和平交渉を進める上で有利ないし好都合と思っていたふしが強いことである。

ここで広田を批判することはやさしいが、広田の考え方は、日中関係を悪化させている「悪循環」をたちきるには、軍部に反対するだけでなく、むしろ重要な時に軍部と手を握りながら、その力を利用して対外折衝を行ない、その成果を逆に軍部に認めさせよう、とするものであったと云える。しかし、この「悪循環」は、そう簡単にたちきれるものではなかった。なぜならば、それは、次のような悪循環だったからである。

すなわち、

現地軍の独断専行的行動――不拡大方針と和平交渉――軍の挑発――中国側の態度硬化とそれに対する日本の反発――日中間の不信感の増大と緊張の激化――日中両国軍の衝突――現地軍による独断専行

こうした悪循環を絶つ有効な方策は、独断専行の責任者の処罰であったが、中国側の挑発への自衛行為、あるいは邦人保護を名目とされれば、若干の行き過ぎをとがめることは実際上難しく、また東京の軍部内ですら下剋上的風潮がみなぎり統制が困難であったことは、二・二六事件や五・一五事件が既に証明済のことであった。

従って、事態の解決には、「調書」がのべる如く、少なくとも、満州以北の地（「調書」の云うところの中国本土）から軍が撤収する腹を決めなければ無理であった。

しかし、軍に対してそれを要求するには、少なくとも満州の日本の権益だけは安全に保証される状態を作り出す自信がなければならなかったが、中国におけるナショナリズムの台頭と中国共産党の抗日運動の前に、満州の安定すら図りがたい状況に突入していた。

そういう状況の下での和平工作は、「調書」の云う如く「初めからできないことのわかり切った話で、政府の当局者が藁をもつかむ思いでいわゆる和平工作屋に乗せられたりしたのは、貧すれば鈍するの類と評する外ない」のであった。

「名分の立たぬ」中国政策

和平交渉の失敗は、このように見てくると、結局のところ、日本の対中政策の根本に問題があったことに帰因する。

要するに、日本の中国に対する施策は、表向きはともかく、その実質において、名分の立たないものであった。（「調書」の言葉）

名分の立たない中国政策の真髄とは何であったか。

それは、日本が、中国の犠牲において世界の中での列強の地位を維持しようとしたことである。アジアに覇を唱えることによって日本は世界の列強としての地位を固め、また世界の列強である地位を利用して日本の特権的地位をアジアに強制したことであった。それこそがまさに日本の帝国主義外交の本質であった。

辛亥革命以来の中国の民族独立への願望の高まりや朝鮮半島における独立・民主への動きなどにも拘らず、日本帝国は、アジアの自立への動きに、理解を示すどころか、日本の利権獲得やアジアにおける覇権確立のための好機あるいは口実として利用してきた。云いかえれば、「アジア」は、西欧植民地主義と肩を並べるための、手段であり、方便でしかなかったのである。

一言で云えば、日本にアジア外交は存在しなかったと云っても過言ではない。

もっとも、それには十分な歴史的理由があった。アジアは、日本とタイを除いて、植民地か半植民地化された状態にあり、植民地の自立や民族独立は、世界的にも抑圧されていたからである。

けれども、日本がアジアの一員として国際連盟の常任理事国となった時、同じアジアの国々や抑圧された民族の願望をどのようにうけとめるべきか真剣に思いをはせた形跡はほとんどない。

「名分の立たぬ」中国政策の源は、そこにあったのではあるまいか。

明日のアジア政策のために

こうした過去の日本のアジア外交の不在、名分の立たぬ中国政策といった過ちは、アジアの国々が独立を果し、多くの地域で経済的にも繁栄を享受するようになった今日、日本外交にとって一見、今や「過去の物語」であるかのように見える。

確かに日本は、第二次世界大戦後、軍事的にアジアを侵略したことはなく、アジアに政治的、軍事的覇をとなえたこともない。

しかし、第二次大戦後の日本は、名分の立つ、立派なアジア政策を遂行してきたであろうか。日本のアジア政策は、第二次大戦前の意味での帝国主義外交の呪縛からは解放されたが、別の意味での呪縛にあっている。それは、経済的先進国であり民主主義陣営に属する日本、いいかえれば、西欧と同じ立場の日本という呪縛である。

ごく最近まで、日本のアジア外交は、日本がアジアでほとんど唯一の「経済的に豊かな民主主義国」であるという事実から出発し、ほとんどそこで終っていた。

云いかえれば、日本のアジア外交は、日本は西側の一員であるという国際的地位によって規定されてきた。

そして、そうした国際的地位は、アジアを「犠牲」にまではしなかったものの、アジアの声を無視ないし軽視することによって維持されてきたきらいがある。

ヴェトナム戦争への日本の対応、マハティールの唱えた東アジア経済会議（ＥＡＥＣ）の否定、中国や他のアジアの国々の人権・民主問題についての対応は、西欧、特にアメリカとの協調を第一に考えたための対応であった。

日本はいってみれば、「脱亜入欧」に成功した国としてアジアと向いあってきた。

その意味では、第二次大戦の前と後とで日本のアジア政策の根本は変わっていない。

こうした路線をいつまで続けられるかは、アジアの国々の民主政治の成熟度と経済水準が高まるにつれてますます鋭い問題として日本につきつけられてきている。

今や真に名分の立つアジア政策を確立すべき時期に突入しているのではあるまいか。

そうした新しいアジア政策は、何にも増して、アジアの経済発展に伴なうアジアの世界的責任の遂行とそのための日本のイニシアティヴでなければならないであろう。（例えば、環境問題が例としてあげられよう）。

同時に、アジアにおいて経済発展に成功した幾つかの国の秘訣を、未だ貧困にあえぐ他のアジアの国々と分ち合い、アジアから貧困を追放することこそが日本のアジア外交の柱の一つでなければなるまい。

第三に、アジアの世界的責任は、経済発展の余波への対処（例えば環境保全や生物・文化の多様性の保護）だけではなく、アジア内部の経済安全保障（エネルギー、食糧など）についての共通の戦略を樹立することに向けられねばなるまい。

こうしたアジア政策の再構築こそ、実は、日本がアジアのみならず国際社会全体で真に責任ある国として認められるための基礎的条件なのではあるまいか。

（1）昭和十年六月二十日、天津川越総領事発広田外務大臣宛電報第一六四号、外交史料館所蔵「帝国皇室ニ対スル不敬事件関係雑件」第三巻所収。
（2）昭和十年十一月二十一日、南京須磨総領事発広田外務大臣宛電報第一二九号ノ二。外交史料館所蔵、昭和十年十一月、十二月「帝国ノ対支外交政策用件一件」第五巻所収。
（3）昭和十年十一月二十二日、広田外務大臣発南京須磨総領事宛電報第三一三号。注2史料。
（4）石射猪太郎著『外交官の一生』中公文庫、一九八六年、二九六頁。
（5）正確には、この林大使のコメントは、満州事変の不拡大についてのコメントであるが、同じ論理は当然日華事変についてもあてはまるところである。
（6）雑誌『知性』別冊「秘められた昭和史」一九五六年十二月所収の田中新一陸軍省軍事課長の回想による。
（7）幣原喜重郎『外交五十年』原書房、一九七四年、一六三頁。
（8）東郷茂徳『時代の一面』中公文庫、一九八九年、一一五頁。

日本外交の過誤（三）支那事変

昭和十年頃から、昭和十二年七月七日の蘆溝《ママ》橋事件が支那事変と拡大するに至るまで、有吉、川越大使の中国側との国交調整交渉が行われた。しかし、満洲事変に成功した関東軍の強硬派が中心となって、梅津何応欽協定、土肥原泰徳純協定の如きが結ばれこうした背景の下に冀東防共自治政府、* 冀察政務委員会、** 内蒙古自治政府が樹立されたような情勢の下においては、国交調整というようなことは、所詮行われ難いことであった。昭和十一年の二二六事件の後成立した広田内閣は、陸軍の華北五省分治工作*** を抑制しようとはしないで、国交調整を行わんとしたが、それではだめなことは、当然であった。当時、満洲と華北の通車通郵等の実現せられた気運に乗じ、分治工作を抑制してかかったならば、当時の国民政府内の情勢から見ても、満洲国問題は黙過の形において、国交を調整することも相当可能性があったと思われる。昭和十一年末の西安事件の後にも、その可能性はあっただろう。しかし、満洲で打切りにして両国の国交を調整するというこの可能性は、結局まじめに追求されないままで、支那事変に突入した。

蘆《ママ》溝橋事件に際して、内地師団派遣の問題があった。それまでの軍のやり方にかんがみれば、事変の拡大を避けるつもりであったならば、派兵には絶対反対すべきであった。現に当時外務省の事務当局は、広田外相にその旨を進言したが、外相は閣議においてあっさりこれに同意し、兵力は不要になったら、いつでも引揚げるということだったからと弁明したといわれる。事実とすれば、事変拡大阻止の誠意を疑われる程の表面的な責任回避であったという外ない。

この事変の処理については、その方策として、何度も「要綱」とか「方針」とかが決められ、又、臨時政府とか維新政府とか南京政府とかが樹立されたが、いずれも事変処理を実質的に前進せしめるに至らなかった。それは、結局、事変が拡大し、長びくにつれて、日本側の条件が実質的に苛酷となり、折角樹てられた政府もいわゆるかいらい政府以上のものとして扱われなかったからである。昭和十七年十二月、すなわち太平洋戦争も大分旗色が怪しくなってから行われたいわゆる対華新政策なるものは、政治的効果をもちうるには、時すでに遅かった。あれだけのことを太平洋戦争前にでもやっていたら、情勢は大分変っていたかも知れない。

又、前にも述べた昭和十三年十二月二十二日の近衛声明は、蒋政権との和平工作に終止符を打ち、新政権を盛り立てて行く腹を決めるつもりでなされたものであるが、実際には、いわゆる全面和平のための重慶工作は、それが、先方まで通じたかどうかは別として、ほとんど終戦直前まで、いろいろの方面で行われた。大体、軍が中国の本土から撤収する腹を決めない以上、初めからできないことのわかり切った話で、政府の当局者が藁をもつかむ思いでいわゆる和平工作屋に乗せられたりしたのは、貧すれば鈍するの類と評する外ない。

要するに、日本の中国に対する施策は、表向きはともかく、その実質において、名分の立たないものであった。ために中国民の反感も買えば、諸外国からの非難も受けた。そのやり方も、調子のよいときは調子に乗り過ぎ、止まるべきところで止まることを知らず、一旦調子が悪くなると単なる悪あがきに終った。紙の上では美辞麗句をならべた作文が会議を重ねて練られたが、実行に移され効果を挙げた政策という程のものは何もなかった。外務当局は、実質的には、占領地行政を少しでも穏やかなものにするために、又、軍の尻拭いをするために、限られた範囲で努力するというに止まった。従って、努力したわりに、実効はなかった。

＊　冀東防共自治政府　河北省及び東部内蒙古地区に日本軍が作ろうとしていた自治政府。
＊＊　冀察政務委員会　河北、チャハル両省の自治政府樹立をてこ入れするための組織。
＊＊＊　華北五省　通常、満州に隣接する中国北部の五省で、当時の名称を用いれば、山東、山西、河北、綏遠《すいえん》、チャハル（察哈爾）の五省で、ほぼ今日の内蒙古地区及び山東、山西、河北省にあたる。
＊＊＊＊　いわゆる対華新政策　重慶の蒋介石政権と和平を実現するために思い切った対中政策の転換を決定したもので、「大東亜戦争完遂のための支那事変処理根本方針」と正式には呼ばれているものを指す。

第四章　日独伊三国同盟

同盟国の不信行為

日中戦争が拡大し、南京、上海に戦火が拡がるにつれて、中国の抗日運動はいっそう燃え上ってきたのみならず、中国問題をめぐる日本と英米との対立も先鋭化した。

蒋介石への英米仏のてこ入れがますます明らかになってゆくにつれて、中国問題での日本の立場を強化するためにドイツとの連携を強化せんとする陸軍を初めとする「革新派」の声は日増しに大きくなっていった。

三国同盟への交渉は、そうした流れの中で秘かにすすめられた。

しかし、一九三九年八月二十三日、ドイツは突如、独ソ不可侵条約を締結、その結果、反ソ連を主たる目的として結ばれた日独防共協定（一九三七年）は、白紙に戻された如き状態となった。

三国同盟条約の是非を議論して結論を得られていない平沼内閣はこの新事態に直面して、欧州の状況は「複雑怪奇」であるとの声明を残して総辞職した。

こうして三国同盟交渉は一応打切りとなった。

「しかし」と、「調書」は、ここで重要な批判を提示する。

しかし、それだけですますべきことだっただろうか。防共協定、特にその付属秘密協定の精神からいって、この独ソ不侵略条約の締結は、重大なる背信行為であった。これに引続いて、欧州戦争が惹起されるに至ったが、平沼内閣の後をうけた阿部内閣は、これに対して不介入の方針をとった。今にして思えば、この独ソ不侵略条約の締結と欧州戦争の勃発は、日本が独伊と袂を分かって独自の道に帰るべき絶好の機会であった。それには国際信義の上からいっても十分理由のあることであるが、日本の利益からいえば、少し位無理でもそうすべきであった。

同盟国のゆゆしい不信行為は、同盟の価値が大きく減少したことを意味する。なぜならば同盟の最も重要な要素は、信頼だからである。

つとに、日独防共協定締結の際、元老の中には、ドイツが本当に信用できるか、過去のレコードを調べたかと政府につめよった者もいたことを想起すれば、ドイツの背信行為と欧州戦争の開始を契機として、防共協定の廃棄、英米との国交調整、蔣介石との和解という三本柱の政策に転換できたのではないか、また是非ともそうすべきであった――「調書」の批判はそこにある。

この批判は妥当なものであろうか。

たしかに、防共協定の廃棄といった大転換はなされなかった。しかし、平沼内閣の後をうけた阿部内閣と米内内閣の時代、当初、外務当局は、英米との国交調整に重点を置くとの方針を打ち出した。野村吉三郎外相の任命、駐独、駐伊大使の更迭などは、そうした方針のシンボルであった。

そして、野村大臣は、駐日米国大使に対し、新通商協定あるいは暫定協定の締結、アメリカの中国における権益の尊重などを含む米国との了解案を提案した。

しかし、米国との国交調整は、中国全土における門戸開放の実現とそのための対日経済圧力の行使にこだわる米国の政策のせいで頓挫し、また、英国との話し合いも、折から英海軍が日本の領海近くで日本船浅間丸を臨検し、日本の世論を刺激したことなどから、十分な話し合いを行なえる状態にならないまま時が推移したのであった。

云いかえれば、外交の大転換ではないが、若干舵とりの変化が生まれようとしてはいたのだった。

何故そこで大きな舵切りができなかったか。それは、迅速果敢な、時を移さずに機をとらえる機動性が内閣になかったせいでもあるが、より根本的には、日本が、「東亜新秩序」の建設をおおっぴらに唱え出し、中国、さらには南洋を含んだ「東亜」における新しい国際秩序を日本の軍事力を背景に作り出そうとする方向に明確に動き出したところにあった。

云いかえれば、ドイツに対する不信によって、日独間の提携の強さは（一時的にせよ）弱くなったが、それ以上に、日本と英米との溝は、狭まるどころか大きくなって行ったのだった。

同盟国への不信は、他の国々への信頼の増加にはならず、他の国々との信頼関係は、ドイツに対するもの以上に悪化していった。

不信も信頼も、ある程度は相対的なものである。味方に若干裏切られても、敵（ないし潜在的）敵との関係は必ずしも改善されることにはならないのが常である。

そうした観点に立てば、「調書」の批判は全く正しいけれども、それを実現ないし実行しうるような情勢にはなかったことも忘れてはならないであろう。

三国同盟への道

こうして、いったんは対独不信に陥った日本政府も、次第にその傷を忘れ、欧州におけるドイツの戦勝の勢いも手伝って、三国同盟の交渉が再開されたのであった。

そもそも、この時点で、日本は、三国同盟によって何を得ようとしたのか、その戦略は何であったのか。

それは、特定の人物によって明確な発言としてはのべられていないが、日本からみれば対ソ牽制、対米牽制、そして中国問題についての三国間の協力といった点にあったと考えてよいであろう。

他方、このいずれの点をとっても、三国同盟がそうした目的に有効かどうかは、当時の日本の指導層にとってもかなり疑問であった。

米国は当時、欧州戦争に直接介入する姿勢を見せておらず、米国の欧州戦争介入回避のために日独が提携する意味はあまりなく、またたとえ何がしかの効果があるとしても、それが日本にいかなる利益をもたらすのか、明確ではなかった。

ソ連に至っては、もともと対日、対独警戒心が強い以上、日独の同盟がソ連との緊張を高めることは明らかであった。

「調書」は、この点についても明確に、日本の認識の甘さを批判する。

いったい全体、三国同盟は、「日本の立場からして、どんな利益があったか。この条約の締結は、もともと、ドイツの戦果の華々しさに幻惑されたことが直接の原因であった」と手厳しく糾弾している。

他方、「調書」も、また、これにコメントした重光も、松岡外交は、政策として誤ってはいたが、それなりの論理があった、という趣旨をのべる。すなわち、「調書」に云わせれば、「三国同盟を結び、ソ連を三国側に抱き込み、その力で米国を牽制し、日米の国交調整を有利に展開させよう」としたのが松岡外交であると云う。

しかし、「調書」も云う如く、この考え方は甘いものであった。なぜならば、「米国のインフレクシブルな理念外交的傾向や米国民の直情的な性向を見損ったもの」だったからである。

米国の出方を読み違ったばかりではない。三国同盟の推進者は、ソ連とナチスドイツとの根本的対立を見抜いていなかった。

バルカン問題、バルト問題等で独ソの利害が対立すべき運命にあるのは理論的に十分予測可能であり、これを単に英国の宣伝であるとしていたドイツの言にひきずられていたのは「軽率であった」(「作業ペーパー」の表現)ということになる。

ドイツの本音は、ソ連との戦争の際、日本を極東で利用し、同時に英国との対決にあたって日本を利用する、その代償として、蒋介石を見限った形にする、ということであった。

そうしたドイツの思惑に日本がみすみす乗ぜられたのはどうしてなのであろうか。

それは単に当時の軍出身の大島浩駐独大使の越権行為があったためとか、あるいは正確な情勢分析が東京に送られる前ににぎりつぶされた、という類いの事柄にその責めを帰す訳にはゆかないであろう。

事実はむしろ逆である。

外務当局も海軍も、三国同盟の「危険」（英米を刺激する危険）については相当認識があった。だからこそ、当初、日本は、三国同盟の対象をできる限りソ連だけに絞ろうとし、また、相互の支援の内容も、参戦が自動的にならないよう、経済、外交的手段に限ろうとした。

そして、ドイツとの交渉の過程で、それがうまくゆかないとなると、同盟の義務は、軍事援助も含むが、実質的には軍事的協力はあまり期待しないでほしい、日本のやれることは限度があると申し入れをすることで歯止めをかけようとしたのであった。

このプロセスは、逆に云えば、三国同盟の危険を認識して警告を発した人々が、一歩一歩と後退していったことを意味している。

すなわち、第一に同盟の対象をソ連に限るという明文規定を削除した。（すなわち、同盟の対象が英米に及ぶことが排除されない）。

第二のステップとして、第三国（例えば英米）との戦争の場合の協力内容についても、ある程度は中味にふみこむことに合意し、経済的及び政治的支援を相互に行なうこととした。

それがさらに交渉の第三段階に進むと兵力援助も可能という形になったのである。

こうした過程にずるずるとひきこまれて行った一つの要因は、在独大島大使が再三東京からの指令を無視して、ドイツ側にすり寄っていたことにあったが、再三の訓令違反に対して政府は大使の召還又は更迭を行なおうとせず、責任の所在をあいまいにしたことは大きな問題であった。

この点について、「調書」が何ら言及していないのはやや不可解である。大きな国際交渉における責任の問題は、うやむやにされてはならないことを、三国同盟の交渉は我々に厳しく教えていると云えよう。

反対論はなぜ敗れたか

いずれにせよ、三国同盟の危険は、欧州事情に通じた外交当局者だけでなく、かなりの政治指導者に意識されていた。

例えば近衛首相も、「三国同盟の危険」に気づき「三国同盟の危険を防ぐ最大の安全弁は、ソ連との提携であった(1)」とのべ、また、「条約文をできるだけ広く解釈することとし、参戦する義務を条約から自動的に発生せしめず、日本の自由な考えの下に実行する如く運用することによってその効果を削減せしめんとした(2)」と語っている。

これは、要するに、三国同盟の危険(すなわち、英米対日独という形の対立をあからさまにする危険)をソ連の引き入れと条約の解釈によって忌避しようとした(「作業ペーパー」の表現)ものであった。

これは一種の自己欺瞞であった。一方で、米国を牽制することが条約の目的であるとしながら、英米を刺激しないように条約をあいまいにしておくというのは、矛盾している。またソ連を引き入れようとしながら、反共産主義という同盟の根本は持ち続けるというのも矛盾である。

しからば、こうした矛盾をのみこむだけの大きな戦略的論理または構想があったかと云えば、全くなかったとしか云いようがない。

そう見てくると、一つの疑問がますます鮮やかに浮かび上る。すなわち、そのような矛盾に満ち、また、危険をはらんだ条約に対する東郷茂徳や重光葵などの反対論[3]は、何故敗れ去ったのかが問われねばならない。

その一つの理由は、反対論の根拠が、見通しに関するものであったからである。すなわち、欧州戦争は長びくおそれがあり、そうなればナチスドイツは早晩敗北するであろうとか、ナチスドイツの行動は過激であり危険である、といった認識論や見通し論は云えても、しからば何をすべきか、という点になると、英米との協調という合言葉しか云えなかったのである。

反対論は、認識論をこえて、別の戦略を打ち出せなかっただろうか。例えば、米国の参戦を防ぐということはドイツにとっては都合がよくとも、欧州戦に米国が深く入りこめば、太平洋方面での日本への圧力をへらすことが可能であり、日本はむしろ米国の欧州での参戦を内々歓迎すべきであり、そのための方策をとるべきであって、参戦防止というのは全く逆の戦略である――そう主張できなかったのであろうか。

云いかえれば、日本には残念ながら世界的戦略がなかった。だからこそ、三国同盟の目的も効用も、一方的にドイツ側の利益に偏したものになったのだった。

加えて、ここには世界情勢の不可避の流れが働いていた。

日米通商条約の廃棄、欧州戦争の勃発、日中和平交渉の挫折——そうした事柄は、ドイツに対抗する勢力と日本を抑えこもうとする勢力が今や完全に手を結ぶ状況を現出していた。

そういう状況下で、ドイツは、日本を完全に自分の陣営にひきこもうとしていた。それは、世界的流れに沿ったものであった。これに抗することは、流れに逆うことであった。云いかえれば、日本は追いこまれていた。追いこまれた末の外交は、理屈の上では反論や別の選択を唱え得ても、現実にはそうした政策はとり得ない。云わば日本は追いこまれた末の唯一の選択として、そして利益とマイナスとを勘案すると、マイナスの多いような条約に加入した。「調書」は、これを次のように結論づけている。

要するに、三国条約の締結も、百害あって一利なき業であった、と。

（1）近衛文麿『平和への努力』日本電報通信社、一九四六年。
（2）同右。
（3）東郷については、前掲『時代の一面』一三一頁。重光については、前掲『昭和の動乱（上）』二八二頁。

日本外交の過誤（四）日独伊三国条約締結

ドイツは、ポーランド進撃の直前（昭和十四年八月二十三日）ソ連と不侵略条約を締結した。当時、平沼内閣は、防共協定から一歩を進める三国条約の締結の問題で、関係各大臣の会議を重ねること六十数回、なお意見がまとまらないでいたところ、この新事態が起きたわけである。ここにおいて、平沼内閣は、「複雑怪奇」の声明を残して総辞職した。これで三国条約の議は一応打切りとなったが、しかし、それだけですますべきことだっただろうか。防共協定、特にその付属秘密協定の精神からいって、この独ソ不侵略《ママ》条約の締結は、重大なる背信行為であった。これに引続いて、欧州戦争が［惹］起されるに至ったが、平沼内閣の後をうけた阿部内閣は、これに対して不介入の方針をとった。今にして思えば、この独ソ不侵略条約の締結と欧州戦争の勃発は、日本が独伊と袂を分かって独自の道に帰るべき絶好の機会であった。それには国際信義の上からいっても十分理由のあることであるが、日本の利益からいえば、少し位無理でもそうすべきであった。

しかし、実際は、日独提携論の底流は依然存続し、昭和十五年一月、米内内閣成立の頃から、再び頭をもたげ、特に同年四月の候からのドイツの華々しい戦果を前に大いに勢いをえるに至り、これに反対の立場をとった米内内閣は、畑陸相の辞職後後任をえることができず、総辞職を余儀なくされた。ついで（昭和十五年七月二十二日）成立した近衛内閣の松岡外相は、再び三国条約の問題を取り上げ、八月一日、駐日ドイツ大使オットを通じてドイツ側の《ママ》意向を打診し、その結果、ヒトラーは、特派公使としてスターマーを八月中旬日本に派遣した。こうして、三国条約は、九月二十七日調印された。当時、スターマーは、ドイツが日本に求めるところは、米国を牽制し、その参戦を防止する役割を果すことであるといい、又、対ソ関係については、独ソの関係は良好であるから、日ソ親善につき「正直なる仲買人」となるべき用意があるといっている。この後段の趣旨は、条約と同時に取り交わされた松岡外相とオット大使との往復文書のなかにうたってある。

この条約の眼目は、締約国の一つが現に欧州戦争若しくは支那事変に参入していない第三国から攻撃された場合には、他の締約国は、あらゆる政治的、経済的及び軍事的方法により相互に援助するということであった。この第三国がさしむき米国を意味していたことは、いうまでもない。

ところで、まず第一に、この条約の締結は、少しでも米国の参戦を牽制する効果があったであろうか。結果から見れば、少くとも、米国は、この条約の締結後、対英援助を控え目にしたというような事実はない。当時、日本では、米国の欧州戦争介入を阻止することが人類の福祉のためだというような高踏的議論が行われた。米国は、結局日本の真珠湾攻撃後、独伊が三国条約の約により対米宣戦したことによって、他働的に戦争に入ったから、米国が他から宣戦されなかった場合、果して、いかなる時期に参戦し、又は参戦しなかったかというようなことは、すべて仮設の議論になるが、戦後に発表された米英側の文献からすれば、米国は、真珠湾攻撃等のことがなくても、いずれは欧州戦争に参加したであろうといい切ってよかろう。米国が日米交渉に応じたのも、話ができたら、欧州戦争に介入する場合の後顧の憂が絶てるというところにねらいがあったと見るべきであろう。

次に、日本の立場からして、どんな利益があったか。この条約の締結は、もともと、ドイツの戦果の華々しさに幻惑されたことが直接の原因であったと思われる。従って、あまり具体的な目的もなかったかも知れない。近衛公の手記では、対ソ関係については、スターマーの口車に乗せられておるようであり、対米関係では、米国がドイツを「攻撃」した場合でも、参戦の義務が自動的でないというところに安心を求めている。もっとも、この手記は、戦後に出されたものであるから、当時は、もっと積極的な考えもあったかも知れない。少くとも、松岡外相は、その後における彼の行動から見ても、ソ連を三国側に抱き込み、その力で米国を牽制し日米の国交調整を有利に展開させようというような大望を抱いていたものと思われる。なるほど、日ソ中立条約は、彼の手によって締結された。しかし、その後いくばくもなくして独ソの開戦を見ている。又、この条約の締結によって、対米交渉を有利に導こうというのは、あまりに甘い考え方であり、米国のインフレクシブルな理念外交的傾向や米国民の直情的な性向を見損ったものであった。

条約自体の目的について見ても、戦争中日独伊の間に具体的に協力が行われたという事実は、ほとんどない。そういうことが行行《ママ》われうるような関係に初めからなかったのである。

要するに、三国条約の締結も、百害あって一利なき業であった。

第五章　日ソ中立条約

モスクワ駅の歓送

一九四一年四月十五日午後。モスクワカザン駅頭。

松岡外相は数時間前、クレムリン宮殿でスターリンの立会いの下、モロトフ外相と電撃的に日ソ中立条約を締結したばかりだった。

シベリア鉄道に乗って極東へ帰る松岡の周囲は、既に大勝利を収めた将軍を歓送するかのような雰囲気であった。

見送りの大使館関係者の脳裡には、松岡が条約調印後、大使館で口ずさんだ俳句の文句が浮かんだ。

――ただ拝む東の空や春の月

その時である。スターリンがモロトフとともに駅頭に現れたのである。

スターリンは、松岡を抱きかかえるようにしながら云った。

「俺たちはアジア人だ」。

その文句は、つい数時間前、条約締結の際にスターリンと松岡の間に交された会話の内容をこだまのように響き返したものだった。

「私はコーカサス生れで、アジア人である」。

そうスターリンがクレムリンで云った時、松岡は答えた。

「その通り、ロシア人と日本人は互いにアジア人である」と。

この、一見心あたたまるエピソードは、その後、ロシア問題に係る外交関係者の間で、ソ連（ないしロシア）を相手にする時の用心の必要性を説く例として頻々引用されるようになった。

「ロシア人が、日本人に対して、我々は同じアジア人であるという時は、最も警戒しなければならない時である」と。

日ソ中立条約はソ連によって見事に使われ、また見事に破られたのだった。

日ソ中立条約の目的

このように、劇的な形で結ばれた、日ソ中立条約の目的は何であったか。

一義的には、松岡外交の名の下にすすめようとしていた対米交渉を有利に運ぶための布石であった。

加えて、中国の蒋介石政権に対する牽制もあった。

抗日救国戦線の旗印をかかげる共産党と蒋介石との合作は、一九三七年以来、いろいろな形で行なわれ、同じ年には、そうした動きの反映として、国民党政権とソ連との間に中ソ不可侵条約が結ばれており、ソ連は、中国の抗日運動にとって友邦となりつつあった。

従って、日ソ中立条約の締結は、中国に対するソ連の公然たる軍事的協力に歯止めをかけるものであるだけに、中国への和平工作の圧力として有効な手だてと考えられたのであった。[1]

こうした日本の意図は、早くからソ連に見抜かれていた。

東郷駐ソ大使が、一九三九年七月、モロトフ外相に対して日ソ中立条約を提案した際、モロトフは、日ソ間の政治的了解が成立すれば、米国とソ連の関係や中国とソ連の関係は悪化し、ソ連にとって得るところはなく、他方日本は、「日華事変」の処理を促進し南方への積極行動も可能となるから、日本側にとって著しく有利である、とのべたというのである。(2)

しからば、この中立条約によって、日本は所期の目的を達したであろうか。

アメリカへの牽制、そしてそれに基づく対米交渉の進捗をねらうという作戦は、成功するどころか裏目に出た。「調書」はこの点を次のように評価する。

　この条約は、軍部の対米態度を硬化せしめ、従って、結局、むしろ日米交渉の成立を困難にした位のものであった。

北方で一息ついた日本が、日中戦争の拡大の状況の下で、ますます南方に進出し、英米と決定的対立に至ることは、「帝国主義国の相克」であり、まさにソ連の革命外交の一環であり、ソ連のねらいがそこにあることは当然日本として見抜いてしかるべき点であった。

松岡の考えた「米国への牽制ないし圧力」という発想は、実は米国とのぬきさしならぬ対立、抗争へと発展する因であった。

しからば、条約の効果として、対米、対中交渉上のメリットはなかったと仮定しても、ともかくもソ連が中立を守り、一九四五年夏に至るまで中立を守ったことは、日本にとって良かったのではないか、すなわち、云いかえれば、この条約によってソ連の対日参戦を遅らせることができ、中国、太平洋における日本軍の行動に対する制約を軽減し得たという軍事的メリットがあったのではないか――そういう理屈はどうであろうか。

これに対して、「調書」は、中立条約の存在がソ連の対日宣戦を遅らせたのではなく、ソ連は単に良いタイミングを見はからっていただけである、と云う。

その証拠に、ソ連は中立条約を結びながらこれを破った先例がある。例えばソ連は欧州戦争の勃発と共に、ポーランド、フィンランドとの不可侵条約を破って進軍している。第一そもそも、ソ連は、日ソ中立条約の有効期間中に対日宣戦を行なっているではないか――そう「調書」はのべている。

云ってみれば、中立条約は、日本にとって特段のメリットはなかった。むしろ、軍をかえって勢いづけ、南進論に拍車をかけたことになる。

いずれにしても、日ソ中立条約と日独伊三国同盟をいわばテコにして、その圧力の下に対米交渉を有利にすすめようとする松岡構想は、中立条約署名後ほどなくして起こったドイツのソ連攻撃によって、条約の意図した効果（すなわち、ソ連及びドイツと組んでアメリカに圧力をかける効果）を大幅に減殺されてしまったわけである。ここで問題となるのは、ドイツによるソ連攻撃の可能性を相当程度頭に入れていたはずの松岡が何故、北樺太の利権の解消という「景品」までつけて日ソ中立条約の署名にふみきったか、の点である。

こうした疑問に対して、「調書」の答えは、次の通りである。

松岡外相は、これに先立つドイツ訪問の際、すでにドイツの対ソ攻撃企図をほぼ承知していた。しかし、彼は、これを止めさせることに最後まで望みをかけ（た）（傍点引用者）。

たしかにそれもあったであろう。しかし、もっと根本的理由があったのではないか。それは、松岡には、客観情勢の意味の把握よりも、自分の「偉大なる構想」の実現をあくまで追求するという情熱があり、それに流されたからではなかったか。

ドイツ側が盛んに流していた陽動作戦、すなわちドイツとソ連とは実は親善関係にあるという点をうまく活用して、先ずドイツを訪問して三国同盟の趣旨を強化し、その勢いにのってモスクワに乗りこんだ松岡は、独ソ関係の決定的悪化によって急に日本との安定的関係の構築を急いだスターリンの誘いに応じて中立条約に署名した。しかし、米国の欧州戦争参戦こそが日本にとって実は有利なはずであったように、「独ソ開戦に応じてソ連を東からも同時にたたくという北進論の方が、実は三国同盟の精神にかなない、同時に対米交渉上も有利である」との発想が、何故松岡外交の推進者たちの脳裡をかすめなかったのであろうか。

大きな構想の持主は、自らの作った構想が幻想になっても、それを追い求めたということなのであろうか。

「甘い国」批判

こうした日ソ中立条約締結のメリット、デメリット論議以上に、「調書」が強調しているポイントは、日本がソ連にしてやられた、という点である。いいかえれば、日本はソ連に対して「甘い」国であったという評価である。

第一に、日本は、日ソ中立条約という、ソ連にとって当時としては、大きなメリットがある条約を締結することに対し、北樺太の利権解消という「景品」までつけており、ソ連に対して「甘い」交渉姿勢をとっている、という点である。

たしかに、松岡外相は、当時の情勢を勘案して日ソ中立条約の締結を急いでいた。従って、北樺太の利権解消に努力するという松岡書簡を発し、ワンステップ置いた形にはしたものの、利権解消に歩を進めたことは事実である。

「作業ペーパー」を読むと、これら全ての裏にあったのは、外相としての野心と虚栄心であったとの趣旨が強くにじみ出ている。

しかし、それよりも重要な要素は、タイミングであろう。ドイツの対ソ戦の可能性、対米交渉の進展、対中国和平工作の促進――いずれをとっても、早急になんとかせねばならぬ事態に日本は追いこまれていた。松岡には焦りがあった。それは、また日本全体の焦りでもあった。

そうした焦りの問題は結局タイミングの問題である。

日本の焦りにソ連がうまく乗ったということは、逆に云えば、交渉のタイミングについての主導権が、実質的にはソ連ににぎられていたことを意味する。

ここに「調書」の第二の批判が集中する。


一体、ノモンハン事件以来の日ソ関係においては、外交のイニシアティヴは、常にソ連の手中にあったといえる。昭和十四年九月十五日（一九三九年――引用者注）、ノモンハンの停戦協定が成立するや二昼夜を出でずして、ソ連軍はポーランドへの進撃を開始した。欧州戦争勃発後、日本側は、中立条約ないし不侵略条約締結の提案を何度も繰返しているが、ソ連側は、北樺太利権の解消を要求して、容易に条約の締結に応じなかった。いよいよそれをソ連の方で必要とするに至って、最後のどたん場で、これに応じた。


何故日本は、あれほど警戒していたソ連に交渉のタイミングや中味でしてやられたのであろうか。

その一つの原因を、「作業ペーパー」は、国際条約に対するソ連の考え方に帰している。

そもそも、当時の日本も含め、ほとんどの国にとって、国際条約は、相互のギヴアンドテークによる約束の法律的確認であり、その確認と条約の順守によって、ある種の信頼関係を作り上げるという目的がある。

ところが、共産主義インターナショナルを指導し、革命外交の中心であったソ連共産党の考え方は、条約は世界革命への闘争手段であるというものであった。つまり条約の締結は、次なる闘争目標への手段にすぎなかった。

従って、急にスターリンが中立条約の締結に青信号を出したとすれば、その裏のソ連の意図を見抜くべきであったことになる。云いかえれば、「作業ペーパー」が示唆しているように「松岡外相はむしろソ連の中立条約提議を拒否すべきではなかったか」とさえ云えるのである。

以上全てをふまえて、「調書」は次のように結論づける。

ソ連にしてやられるのは、米英と対立関係に入った日本の宿命であったといえよう。それにしても、これ程まで乗ぜられたということにはソ連という国家に対する根本の認識の甘さもあずかっている。

帝国主義に走り、帝国主義外交に徹していた第二次大戦前の日本は、表向きの強がりにも拘らず、実は「甘い国」であったということなのである。

日本とロシア

英米と対立した日本は、ソ連に乗ぜられる――このテーゼに関する限り、今日、日米間の同盟を遵守している日本にとって懸念はない。

しかし、もう一つの点、ソ連という国家に対する根本的認識の甘さの点はどうであろうか。

ソ連は今日なくなり、民主的で、西側諸国と協調するロシアになった以上、根本的認識の甘さといった点を心配する必要はなくなったと云えるのであろうか。

必ずしもそうではあるまい。

ベルリンの壁が破れ、東欧諸国に自由がもたらされ、北大西洋条約の適用範囲の拡大が見られる「西」側と違って、ロシアの「東」側では、北方領土問題は解決からほど遠く、日ロの経済関係も停滞気味である。

もともと歴史的に見れば、ロシアは、ポーランドなどへの侵略もあるが、「西」側では、どちらかと云えば、「侵略」された国であったが、「東」側では、日、米などのシベリア出兵を例外とすれば、概して「侵略」した方であった。

云いかえれば、かつての帝国主義日本と同じく、ロシアは、歴史的には、大国主義、帝国主義国家としてアジア諸国に対してふるまった。こうしたロシアの歴史的傷あとについて、ロシア自身がどこまでそれを意識し、どこまでそれをロシアのアジア政策の中で勘案しているかは今のところ明らかではない。

しかも、ロシアの目は全体としては依然「西」を向いている。時としてロシアの目が「東」を向くことがあっても、それはチラリと横目で見た視線である。日本、そしてアジアは、ロシアのその「チラリ」に乗ぜられてはならない。

ロシアが真にアジアに目を向ける時、ロシアは決して、我々はアジア人だなどと云わないであろう。しからば、日本は、ただ座して待つのではなく、ロシアの目を本当にアジアに向けさせ、日本やアジアの国とパートナーシップを組んでゆくように仕向けるにはどうしたらよいのか。

それは、何と云っても、ロシアの極東部の経済開発とそれに伴う極東ロシアの人口増、そして極東ロシアとアジアの国々との交流の促進であろう。

しかし、それだけでは十分ではない。

日本自身の戦略として、ロシアの周辺国、すなわちウズベクスタン、カザフスタン等の中央アジアの国々及びモンゴル等の国々への重点的な経済協力政策を実施し、また、これらの国々とエネルギーや安全保障問題も含めた戦略的対話を強化して、ロシアが、戦略的に日本を重視しなくてはならない条件を作り出してゆくことが大切であろう。

ロシアに対する外交は、世界的視野からとりくまれねばならないのである。

（1）　例えば、かかる考えを明白にのべた人としては、当時の駐ソ大使東郷茂徳がいた（鹿島平和研究所、『日本外交史』第二一巻、鹿島研究所出版会、一九七〇年、二六六頁等参照）。

（2）　同右、二六七頁。

日本外交の過誤（五）日ソ中立条約締結

松岡外相は、ロウズヴェルト大統領と同じように、前述のような彼独自のグランド・デザインをもっていた。双方とも、野心的な性格から構想の大きいことに自負を感じていたこと、ソ連抱込みをその一つの重要な支柱としていたこと、客観情勢のいかんはお構いなしにその偉大なる構想の実現を追求したこと、そして、この現実無視から結局大きな破綻を来したことに共通したところがある。しかし、ロウズヴェルト大統領の方は、戦争に勝つことが何ものにも優先する第一義的な目的であり、そして、この目的を達成するためには、ソ連の協力が必要であるという前提（軍当局の意見がそうだったのだから、これを採用したことについて大統領を責めるわけには行かないだろう）に立ってのことであるから、まだしも、いわゆるカルキュレイテッド・リスクとして合理性があったといわなければならない。

ところで、松岡外相は、昭和十六年三月渡欧の際、行きにも帰りにも、モロトフに対して、北樺太の買収と不侵略条約の締結を強く提案したが、モロトフはこれを拒否した。しかるに、松岡外相が別れの挨拶のためスターリンに会見した四月十二日に、スターリンの発意に基いて中立条約交渉は急速に進展し、翌十三日に同条約は成立した。その際、北樺太利権問題は、松岡外相が数カ月以内に解消すべく努力すべき旨の書簡を発することで一応解決した。（北樺太の方は、松岡外相の当初の考えと逆になっている。なお、この問題は、三年後の昭和十九年三月、北樺太の石油石炭利権をすべてソ連に返還することによって落着した。独ソ戦況がソ連に有利に推移するにつれて、ソ連が松岡書簡を中立条約の条件として主張する気配を示して来たためである。）

松岡外相は、これに先立つドイツ訪問の際、すでにドイツの対ソ攻撃企図をほぼ承知していた。しかし、彼は、これを止めさせることに最後まで望みをかけ、既定方針通り、中立条約を締結した。この条約の締結によって、彼が近く開始するつもりであった対米交渉を有利にしようという腹だったことは、前にも述べた（モスコウ滞在中に、スタインハート米大使に会ったりしている。）

しかるに、北樺太の利権の解消をコミットしてまで作られたこの条約は、軍部の対米態度を硬化せしめ、従って、結局、むしろ日米交渉の成立を困難にした位のものであった。日米交渉が成立しなかったことから、そういえるというわけではない。その後間もなく、独ソが開戦し、松岡外相の日独伊ソ四国協商の夢もついえていたわけであるから、この四国協商の一支柱としての意味をもたない日ソ中立条約の存在が、米国にとって対日関係上何等の重圧でありうるはずはなかった。又、中立条約の本来の目的について見ても、この条約の存在がソ連の対日宣戦をいくらかでも控えさせ、遅らせたとも考えることはできない。ソ連は、すでに欧州戦争勃発に際して、ポーランド、フィンランド等との不侵略条約を破っていた。対日宣戦も中立条約の有効期間中に行った。ドイツを片付けて余力を極東に振り向けられるようになり、又、日本が降伏の余儀なきことが明らかになるという最も都合のよい時まで待っただけの話である。

他方、この条約の締結は、ソ連の方には、どんな利益をもたらしたか。まず第一に、当時予想せられ、又現に行われたドイツの対ソ開戦に際して、後顧の憂を絶ちえた効果は、絶大なものであったはずである。第二に、日本を米国の方に立ち向かわせるという政治的効果も、ソ連として見れば、第一の効果とほとんど同様に大きいものであったであろう。

一体、ノモンハン事件以来の日ソ関係においては、外交のイニシアティヴは、常にソ連の手中にあったといえる。昭和十四年九月十五日、ノモンハンの停戦協定が成立するや二昼夜を出でずして、ソ連軍はポーランドへの進撃を開始した。欧州戦争勃発後、日本側は、中立条約ないし不侵略条約締結の提案を何度も繰返しているが、ソ連側は、北樺太利権の解消を要求して、容易に条約の締結に応じなかった。いよいよそれをソ連の方で必要とするに至って、最後のどたん場で、これに応じた。しかも、利権解消のコミットメントという景品まで付けさせることに成功した。

このように、日本が対ソ交渉上、いつも劣位に立たされた根本の原因は、日本の米英との関係が悪化の一途をたどっていたことにあったと思われる。ソ連にしてやられるのは、米英と対立関係に入った日本の宿命であったといえよう。それにしても、これ程まで乗ぜられたということにはソ連という国家に対する根本の認識の甘さもあずかっている。これは、ソ連による中立条約廃棄通告の受け取り方とそれ以後における日本の対ソ折衝にもうかがわれる。さらに、あまりに野心的、権謀術数的な大構想の罪もあげられるべきであろう。英米陣営に対抗する日独伊ソの連繋という構想が、土台、現実性のないものであったが、その実現に都合の悪いことには、すべて眼をつぶるようなことになった。いかに奇想天外な大経綸といえども、現実に立脚しない限り、ひっきょう砂上の楼閣にすぎない。

第六章　南方進出

浮雲

仏印（今のヴェトナム）のハノイから車に乗って、南のダラットまで。
途中ビンに泊り、そして二日目は、かつてのヴェトナム王朝の首都ユエに泊った。

第二泊目はユエで泊った。ここでも、一行はグランド・ホテルに旅装をといた。日本の兵隊がかなり駐屯している。ホテルの前に、広いユエ河が流れていた。クレマンソウ橋が近い。ゆき子は、こんなところまで、日本軍が進駐して来ている事が信じられない気がしていた。無理押しに、日本兵が押し寄せて来ているような気がした。このままでは果報でありすぎると思った。そのくせ、このまま長く、この宝庫を占領出来るものなのかどうかも、ゆき子は考えているといともないのだ。自動車が走ってゆくままに、身をゆだねて、あなた任せにしているより仕方がない、単純な気持ちだけで旅をしていた。こうしたところで見る、日本の兵隊は、貧弱であった。軀に少しもぴったりしない服を着て、大きい頭に、ちょんと戦闘帽をのっけている姿は、未開の地から来た兵隊のようである。街をゆく安南人や、ときたま通る仏蘭西人の姿の方が、街を背景にしてはぴったりしていた。(1)

一九四三年十月、林芙美子の小説『浮雲』の主人公農林省のタイピスト、幸田ゆき子が、義弟との不倫の恋の清算をかねて、仏印に赴任した時の情景である。

ゆき子にとって、仏印は、夢の国であった。その夢の国で日本兵と日本人はどこか土地の雰囲気から外れていた。「南方」は日本にとって遠い存在だった。

南方進出

この遠い南方に日本は進出した。それは、日ソ中立条約の成立によって、日本軍が、北方のソ連と事を構えることはできなくなり、また、当面その必要もなくなったことに由来していた。当時軍の関心は急速に南方に向いていた。

そして、オランダ領インドネシア（いわゆる蘭印）の石油資源の確保を目指す経済交渉やフランスのドイツへの屈服を契機として始まった日・仏印交渉（日本軍による北部仏印の軍事施設使用のための交渉）さらには日本軍の進駐——そうした一連の南進策がとられるに至っていた。

こうした動きに対して「調書」は、英米との決定的対立を惹起することの分かっていた南方進出を行なったのは、日本がドイツの勝利に幻惑されたからであったと云う。

何故それほどドイツの勝利に幻惑されたか。

それは、世界情勢についての長期的見通しの誤りとそれを助長した現地大使館の情報操作のせいであるとのニュアンスが、「調書」やその「作業ペーパー」全体を読むとにじみ出ている。

現に、在独大使館は、ドイツに不利な情報は一切報告せず、それを知っていた重光葵などは、「調書」へのコメントの中で、「ベルリン大使館の報告は、自分は全然当てにしていなかった」とのべているほどである。

しかし、そうした情報ギャップ以上に、東京の指導者が「幻惑された」とすれば、それは、当時の多くの人々が、「大東亜共栄圏の夢」の実現のチャンス到来と思いこんだからであった。

夢を持つものは夢におぼれる、そして理性的判断を失なう。

欧州におけるドイツの勝利は、アジアにおけるフランス、オランダ等の植民地の将来に大きな疑問符をつけるものであった。

アジアにおける西欧植民地が崩壊する可能性が目に見えてきた時、日本は、西欧植民地帝国にとってかわろうとした。ドイツの勝利の甘い汁をアジアで吸おうとしたのであった。それが大東亜共栄圏の夢であった。

蘭印経済交渉

夢の実現の第一歩として日本外交がおしすすめたのは、石油などの資源確保をねらった蘭印との経済交渉であった。

この交渉は、石油の対日供給量の増大に蘭印側がいろいろ条件をつけたため日本側が反発し、交渉打切りとなったが、「調書」は、あっさりと、日本が譲歩してでも協定を結ぶべきであったと批判する。

何故、相当煮つまってもう一歩のところまで来ていた交渉を御破算にしてしまったのか。

「作業ペーパー」は、その真の理由は未だによく分らないがとしつつも、恐らく将来国際情勢が有利に展開すれば、オランダ側も譲歩してくると見たか、あるいは、軍部が、軍事的解決のための口実をのこしておくためにわざと交渉の妥結を邪魔したか、そのどちらかであろうとの趣旨をのべている（巻末付録解説参照）。

しかし、この見方にはいろいろな反論があり得よう。

例えば、蘭印交渉が不成功に終った根本原因は、三国同盟と、それに基づく日本のドイツへの南方戦略物資の再輸出問題であったとも考えられる。すなわち、三国同盟の義務の下にある日本が、依然ドイツと対抗しているロンドンのオランダ亡命政府の指揮下にある蘭印と戦略物資の供給問題につき合意することは、元々無理な話であったとも云えるのである。

その奥には、さらに一ついっそう深刻な溝が、日蘭間に存在した。

領土保全の問題である。日本は領土保全の約束をしようとした。しかし、それは、西欧の植民地支配をひき続き容認することを意味していた。ところが、一九四〇年八月、日蘭交渉の最中に、小磯大将は、記者会見の席上、「蘭印は大アジア経済圏に入るべきだ」と云い、「虐げられた東洋民族を救済してやるのは日本の宿命だ」とのべ、[2] また松岡外相も、一九四一年一月、議会における演説において、日本は蘭印を大東亜共栄圏の中に含め、指導権を発揮するとの趣旨をのべているのである。[3]

このように、一方で西欧の植民地支配を否定しながら、他方でその同じ西欧諸国に領土保全を約束しようとすることはあい矛盾していること、明らかである。

元来、日本は、石油資源の確保のため、云わばその見返りに領土保全を約束すると云っていたものが、次第に南方に自ら政治的、経済的支配を及ぼして、その結果として石油も確保するといった、侵略的発想に転換していったと云える。

大東亜共栄圏の夢

このように、蘭印交渉の経緯を観察すると、いわゆる大東亜共栄圏の夢なるものの深層も浮び上ってくる。

大東亜共栄圏の夢なるものは、外交上の構想としては、ドイツが欧州戦争で勝利を収め、仏、蘭といった敗戦国の植民地支配が動揺し、英国の植民地ですら「不穏な動き」が出てくる時期に、日本がこれまで分け前にあずかれなかった地域をあわよくば、日本のものにしようとするものであった。

云いかえれば、アジアにおける西欧植民地主義からアジアの民族を解放するという視点は、もともと日本外交の理念にはなく、（当初は）できるだけ西欧植民地主義国を刺激しない形で、アジアに経済的、政治的に進出し、それが進むにつれ（第二段階として）戦敗国の植民地を（第一次大戦のドイツ植民地の肩代りのように）日本が事実上肩代りすることをねらったものであった。

大東亜共栄圏は、本質的には、解放のための構想ではなく、支配のための構想だったのである。

仏印進駐への道筋

蘭印との交渉決裂は、石油の安定的確保をいっそう困難にするものであり、軍事力による南方進出はますますその勢いを得ることになった。

軍の南方進出となれば、中国に境を接する仏領インドシナがまず第一の目標となるのは火を見るよりも明らかであった。

既にドイツに敗北し、対独協力政権の下にあったフランスの支配するインドシナとは、交渉によって日本軍の進駐や施設利用を協定することとなった。

この交渉について、軍部は、蒋介石への援助物資が南から流れこんでおり、それを阻止するために仏印の軍事施設の使用が必要であるとの立場をとった。それがずるずると結局、日本軍の進駐要求という形になったのは、軍がもともとそれをねらっており、外交当局は、軍の謀略にひっかかったのではないかとの見方をする者が、「調書」の作成者たちの間にもいたようである。

この点、「作業ペーパー」はもっと率直である。「作業ペーパー」は、次のような疑問を提示している。すなわち、外務省がそもそも仏印での日本軍の施設利用といったことにまつわる交渉をひきうけたこと自体誤りではなかったかという疑問である。仏印進駐も、南からの援蒋ルートの破壊にそれほど役に立った形跡もないことから、交渉開始自体疑問視する見方も十分あり得るところである。（この点について「調書」は、特に言及していない）もっとも、「作業ペーパー」は、疑問を提起しつつも、結論としては次のような趣旨の論理を展開して、仏印との交渉開始自体は弁護している。すなわち、当時、軍部では南進論が強く、これを放っておけば、ヴィシー政権との話し合いを待たずに、強引にかつ無統制に仏印進駐を軍部は決行したであろうから、軍の暴走を抑えこむためには仏印との合意に基づく進駐という形が望ましかったのである、と。

アメリカの反応

北部仏印進駐に関する日仏交渉の過程を通じて驚くべきことは、日本の南進に対するアメリカの強い危惧と警戒心や敵意を、日本の外交当局が当然それを知りながらも、やや実態よりも軽く考えていた節がみられることである。とりわけ、米側への説明や説得といった努力をほとんど行なっていないことが目につく。

例えば、一九四〇年八月七日、グルー在日米国大使が、松岡外相を来訪、日本がフランスに対して仏印に関する内密の要求を行なったとの情報について説明を求めた際、外相は、情報は誇張されたものであるとのべ、アメリカ政府の現状保全要請に対しても特段の回答を行なわなかった。[4]

これより先、五月十日、独軍がオランダへ侵入した直後、在米国の堀内謙介大使から、蘭印の領土保全と日本との経済関係の重要性について、アメリカとも話し合っておくべきであるとの意見が提起されたのに対して、有田外相は、「この際我方より働きかけるが如きことあらば支那事変よりする米国の対日慢心を更に増長せしめる」として、米国との話し合いを拒絶している[5]が同じような態度は仏印進駐についても見出される。

こうした態度は、全て、日本の南進について米国は反対するけれども、それがゆえに日本と米国との全面対決には至るまいとする甘い読みが、外務省の一部も含め相当数の人々の心にあったからである。

現に、北部仏印への全面的進駐当時の外相、豊田海将は、進駐の結果、米英蘭がこれほど全面的な対日経済措置に出てくるとは予想しなかったと外務省関係者に後日述懐したと云う。（「作業ペーパー」参照）。

他方、松岡外相は、豊田外相と交代する直前、六月三十日の連絡懇談会の席上、突然南部仏印進駐延期を提案し、軍の南進論に待ったをかけた。

> 英雄は頭を転向する、我輩は先般南進論を述べたるも今度は北方に転向する次第なり。(6)

このように日本政府首脳部の考えは、一貫性を欠いていたが、ここで最も問題となるのは、豊田外相や松岡外相個人の考え方の甘さや変り身の早さではなく、「作業ペーパー」が、のべている、次のような考え方（巻末付録解説参照）をどう見るべきか、である。

すなわち、

> 若し、南部仏印進駐を抑えたとすれば、北進論を抑ええない。そして若し日本がその段階でソ連と戦争を開始したとすれば、アメリカはソ連を助けたであろうから、日本は米、ソ、中国三者と同時に戦うことになり太平洋戦争以上の惨禍を蒙り、しかも、戦後処理についてソ連の発言が大きくなったであろう。

という考え方である。

この考え方は、一九四〇年から四一年にかけて、英米との決定的対立が分っていながら南進論に外交当局が身を寄せていったのは、北進論を防ぐための止むを得ざる方便であったという論理につながる。ソ連と全面戦争をするよりは、米国と戦った方がまだしもよかったのである――こういう奇妙な論理で、過去の外交を評価するのは、いささか見当違いに思える。

このような論理を貫けば、太平洋戦争は軍部をつぶす唯一の方法であり、米国と戦争を行なったのは正しい選択であったことになりかねない。

さすがに「調書」は、「作業ペーパー」のこの部分を全面的に削除している。

戦争した方が結局よかったとの結論は、あの大戦争にはまりこんだ外交の誤りは何であったかを問題提起の出発点としたこの作業全体の趣旨にあわなかったのである。

(1) 林芙美子『浮雲』新潮文庫、一九六八年、一八～一九頁。
(2) 鹿島平和研究所『日本外交史』第二十二巻「南進問題」鹿島研究所出版会、一九七〇年、一九八頁。
(3) 同右、二二〇頁。
(4) 同右、一一六頁。
(5) 同右、一七九頁。なお注4及び5の点については、注1の『日本外交史』第二十一巻には言及されているが、電報ないし正式記録そのものは外務省外交史料館では見出せなかった。
(6) 所謂杉山メモによる、同右、三五七頁。

日本外交の過誤（六）仏印進駐、蘭印交渉

当時の日本の進出の方向は、大体南方にとられていた。独ソ開戦の際、一時、軍の一部で北進論がおこったが、結局、南部仏印進駐ということでおさまった。

この南進の第一歩は、フランス軍のドイツに対する降伏（昭和十五年六月十七日）後行われた交渉による北部仏印進駐（九月二十三日）であった。これを主張した者が目的として挙げたのは、支那事変の解決を促進するというにあったが、実際には、支那事変の解決にほとんど役立ってはいない。結果においては、むしろその後における武力南進の礎石となった。米国は、このことがあった直後（九月二十六日）、西半球諸国及び英国以外に対する屑鉄及び鉄鋼の輸出を禁止した。

蘭印の本国たるオランダも、フランス降伏の少し前、ドイツに占領せられた。こういう

可能性も、前から予想されていたので、ドイツ軍のオランダ侵入前、有田外相は、「欧州戦争の激化に伴い蘭印の現状に何等かの変更を来すが如き事態の発生については深甚なる関心を有するものである」との趣旨の談話を発表し、さらに、五月十日ドイツ軍が、オランダ、ベルギーに侵入するや、翌十一日、オランダ、ドイツ、英国、フランスの各国政府に対し、蘭印の現状維持に関するわが方の希望を強く申し入れ、当時中立国であった米国、イタリーにも右の次第を参考として通報した。これに対して前記諸国は、いずれも同感の意を表した。

この談話及び申入れは、ドイツ又は英仏の蘭印支配ないし占領を防止する機宜の措置であったと思われる。又、それは、わが国も蘭印の現状維持を尊重する建前のものであったから、国内の過激な南進論をおさえる上から、対内的なねらいもよかった。しかし、結局、南進論者はこれを不満とするに至り、武力は行使しないまでも、蘭印におけるわが国の経済的、従って又政治的な優越地位を確立すべきであると主張した。ここにおいて、同年九月小林商工大臣を特使として派遣して、そのための交渉に当らしめ、次いで十二月には芳沢代表を派遣してこれにかからしめた。かくて交渉は前後九カ月にわたったが、買油交渉以外は妥結を見ず、翌十六年六月十七日、日本側から交渉の打切りと代表団の引揚を通告するということで幕を閉じた。

この交渉において、蘭印側は、予想以上に強硬であった。それは、蘭印当局の根がロンドンに亡命していたオランダ政府にあったからである。日独伊三国条約の下で日本から南方戦略物資がドイツ向け再輸出されるような情況では、日本の要求を易々ときき入れるはずはなかった。

この蘭印交渉打切り直後（六月二十五日）に、仏印との共同防衛協定締結と、南部仏印進駐の議が、大本営政府連絡会議で決定されている。この際には、フランスの委任統治領たるシリアがイギリス軍及びドゴール軍の占領するところとなったから（六月八日）、仏印もほっておけないということが軍部によってしきりにいわれた。こうして、昭和十六年七月二十二日、仏印の共同防衛に関する日仏の話合が妥結し、二十九日からわが軍の南部仏印進駐が行われた。これは、米英の防衛上から見てヴァイタルな一線を越えたことになり、米英は、日本に対して資金を凍結し、重要物資の輸出禁止を強化し、蘭印は、金融協定及び石油協定を停止する等米英にならった。又、当時継続中であった日米交渉の前途に一大暗影を投じたことは、後述の通りであり、従って、太平洋戦争の誘因ともなったわけである。松岡外相も、この南部仏印進駐については、これを行えば米国との戦争は避けえられなくなると警告し、消極的抵抗を試みている。

今日からすれば、戦争を前提としない限り、南方に平和的に経済的、政治的進出をとげる機会は、当時多分にあったと思われる。仏印とは、経済交渉が成立していたし、タイ仏印国境紛争調停にも成功していた。蘭印交渉もできるだけのところで話合いをつければよかった。ドイツの欧州大陸における優勢を利用して南方へ無理な進出をしようとしたばかりに、かえってのど元をしめつけられるようなことになり、あげくの果ては、元も子もなくするような戦争に追い込まれた。これも、ひっきょう、大東亜共栄圏の夢におぼれて、米（当時は参戦はしていなかったが）、英、蘭等の戦意、底力を過小評価し、情勢判断を根本的に誤ったがためであるといえよう。

第七章　日米交渉

真珠湾攻撃の朝

外相（東郷茂徳――引用者）が官邸に帰ったのは午前三時半頃だったろうか。私は小応接室で、外相から拝謁の模様をきき、グルー大使に伝達する回答を起草した。それも終って、外相とひと息していると、卓上電話が鳴った。受話器を取ると、岡海軍軍務局長からである。外相が出る。低い声が急に高くなる。

「なに？　真珠湾！　ほう……主力艦隊をね……いや、それはよかった。おめでとう。ウム、ウム、そうか！　では後で」。

外相は静かに受話器をおくと、私に、

「真珠湾を攻撃して、あらかた主力艦を撃沈したそうだ」。

と言った。明らかに驚いていた。

こうして、日米戦争は始まった。だが緒戦の戦果も空しく、敗戦となって、東郷は獄に下ったが、東京裁判では、不屈の勇気を持って真相を語った――正義のために。しかし、獄中から私信で切々と訴えたように、「正義のために戦うこと自体よりも、真実を明らかにすることが、かえって困難」だった。ともあれ、

不二に入る夕日の如くあかあかと

燃やしつくさん残る命を

という彼の詠草は限りなく悲壮である。[1]

これは、一九四一年十二月八日朝、時の外相東郷茂徳の秘書長であった加瀬俊一が、残した回想録の末尾である。

日米交渉と対米認識

大使と国務長官レベルの正式交渉となってから八ヶ月、ウォルシュとドラウトの二人のカトリック神父が暗躍して日米間の仲介をやり出してから約一年――短いようで長く、長いようで短かかった日米交渉。それは、日本が南進にふみきりながらも、なおかつなんとかアメリカとの戦争を避けようとして、いわばワラをもつかむ気持ちも交ぜながら進めたもので、日本とアメリカとの了解案を作成して戦争を回避するための交渉であった。

この交渉全体をふり返って先ず痛烈に迫ってくる印象は、米国の道義外交、あるいは原則を曲げない外交姿勢とその裏にある戦略（日本を起爆剤として欧州戦争に介入するが、日本をして戦争せざるを得ない破目におちいらせるために、時には時間稼ぎによって日本をじらし、時には原則論に固執して日本を辟易させる戦略）の執拗さである。同時に、そうしたアメリカの執拗さについての日本側の認識の甘さである。米国に対して利害を説き、日本側も誠意を示せば、日米間の了解も可能であると読んでいた日本側の読みの浅さと対米認識の弱さである。

この点について「調書」は、次のように批判する。


当時米国の当局者は、さらに積極的に対独戦に介入したがっていたのであって、日本の真珠湾攻撃は、むしろ彼等をほっとさせたのである。……（中略）……日本側としては、こういう米国側の立場なり腹なりは、やはりそれとして計算に入れて置かなければならなかったはずである。


ここには、二つの反省ないし批判が含まれている。

一つは、「米国側の立場」、すなわち、中国における門戸開放とアジアにおける領土保全、いいかえれば、日本の中国における独占的権益の排除と軍事的占領の拒否という「原則」あるいは道義に固執する強さに対する認識不足である。

第二点は、米国の「腹」、すなわち、日本を戦争に追いこみ、これをいずれはたたきのめすという戦略についての読み違いである。

何故、当時の政府首脳と外交当局は、こうした認識不足や読み違いに陥ったのか。

それは一つには、（とりわけ初期の段階で）交渉の仲介に立った人々の影響力や個人的資質に大きな問題があったせいでもある。

しかし、それよりも根本的なことは、一方で戦争を回避しようとしながら、仏印進駐の例にみられるように、戦争になった場合の手あてをしておくための措置をしておくというやり方が米側を硬化させ、交渉をますます困難にしたからである。一方で戦争を回避しようとしながら、他方で戦争の準備をする――それは「作戦」としては当然であったが、戦争すれば敗北必至と分っている場合のやり方としては致命的であった。

「調書」は正にこの点を指摘する。

このような場合の、いわば戦争を回避するための国交調整交渉は、できない場合は戦争することを前提として行われることになるから、ますます成立が困難になる。

認識不足と読み違いは、交渉を困難にし、結局自らの首をしめることになったのである。

ここで一つの疑問は、松岡洋右の対米認識である。米国で苦学し、米国人の気質も知っていたはずの松岡が、日米交渉の拙劣なやり方に何故ストップをかけなかったのか、という点である。

一つには、もともと日米交渉は、松岡が欧州、ソ連訪問中に、松岡に連絡なく始められ、松岡がこれを根に持っていたこともあろう。

しかし、より重要な要因は、松岡の持っていた対米交渉観、すなわち、アメリカも交渉に乗ってくるはずである、との読みであった。

松岡は、つとに、一九四一年二月、ワシントンへ赴任途次の野村大使に対して、対米交渉に関連して自分の考えを打電した。その中で松岡は、米国は二つの理由から日本と全面戦争を行なうことを（長期的には）無駄と考え、交渉のテーブルにつき、妥協の道を探ろうとするであろうとしている。

二つの理由のうちの一つは、日本という国の底力である。

仮に日本を屈服せしめ、第一次大戦後ドイツに課せられたヴェルサイユ条約の如き苛酷な条件を日本に課したとしても、日本は、おそらく三十年以内に第一次大戦後のドイツよりも早く驚異的な復興をとげるであろうからである。

第二に、日本が米国によって敗退すると、必ずソ連が全中国を赤化し、アジアの大半を赤化するであろうが、米国はかかる事態を好まないであろう、という二点である。(2)

松岡の、この驚くべき先見性は注目に値する。

ただ松岡は、肝腎な一点において、米国の態度を読み違えた。

それは、米国が、松岡のような先見性を持ち、冷静な計算をしてみるような国ではなかったことである。米国にとって、日本は、信条が違い、民族と文化を異にする「異国」であった。そのことは、排日移民法や戦時中の日系米国人の扱いに明白に表れているところである。

米国の持つ、この執念にも似た信条、相当な偏見を含んだ対日観――それら全てが米国を依固地にさせていることについての読みが浅かったと云える。

他方、皿洗いまでして苦労しながら滞米生活を送った松岡は、その根底において、米国人の偏見以上に、米国人の持つ公平さに深く印象づけられ、偏見よりも公平さに賭けるつもりであったのかもしれない。

国内調整と外圧

第二次大戦直前に行なわれた日米交渉についての次の反省点は、国内調整の不備である。

本当に交渉を成立させるつもりであったら、相当実質的な譲歩もする用意がなければならないはずであった。この点について、まず国内を固めてから、交渉に乗り出すべきではなかったろうか。

「調書」は、こう批判する。

国内調整が行なわれなかった一つの理由は、そもそも交渉開始の仲介に立った人々の個人的資質や影響力に問題があったせいでもある。

日本側の窓口になった井川忠雄なる人物は、政府部内でとかくの悪評のある人物であり、またウォルシュ、ドラウト両神父については日米双方のメッセージの伝達が極めて不正確であり[3]、また、米側がこうした仲介者の介入を厭い、正式の外交チャネルに話し合いのルートを絞ろうとしたにも拘らず、日本側は、このルートを存続させ[4]、混乱を招いたことも事実である。

そもそも、この奇妙な仲介者によって、日本政府内部の意見対立がやや誇張された形で米側に伝わり、またそれが日本に対する米国政府の態度に反映され、米側の強い姿勢に（少なくとも初期の段階で）影響を与えた形跡すらある。

例えば、一九四一年一月二十三日、ウォルシュ師からルーズヴェルト大統領に提出された覚書には、次のような趣旨が書かれていた。

天皇以下、近衛、松岡などの保守派要人は、政権が強硬派に奪われるよりは、中国との戦争を放棄し、対独協調を対米協調に切りかえたいと思っている。(5)

このように、交渉の相手方陣営内部の対立に注目し、強硬派を孤立させる方策をとるのは、国際交渉の常道であるが、そのためにはこちら側も柔軟に対応し、妥協することによって、交渉推進派に、強硬派と戦うための「武器」を与える必要があるが、日米交渉ではそうした態度は、米側に全く見られず、また、日本側の態度も相当硬直的であった。

日米交渉なるものは、当初から決裂に至る半歳余の折衝において、双方の主張が根本的に何等かの歩み寄りを示さなかった点において特徴的であった。(「調書」の言葉)

このような膠着状態を打開する方法として日本が考えた方途こそ、ルーズヴェルト大統領と近衛首相とのハワイ会談であった。

この首脳会談構想に米国が応じなかったこと自体、日米交渉に対する米国側の消極的態度の表れであったが、仮に首脳会談が実現していたとしても、それが日米間の真の意味での妥結に至ったかどうかは明らかではない。

なぜならば、近衛首相も側近も、首脳会談を成功させるために必要な国内調整を十分行なうだけの用意はなく、むしろ、首脳会談の成果という外圧を利用して国内の強硬派を抑えようとする気持ちが強かったからである。

外圧を国内調整のために利用するという外交方策は、対米戦争にふみきるかどうかという瀬戸際になっても（あるいは正に瀬戸際であったからこそ）日本が活用しようとした方策であったのである。

自己欺瞞

対米認識の問題、国内調整の有無の問題とならんで、日米交渉には、日本側の自己欺瞞がつきまとっていた。

一つは、日本自身の体制、体質についての幻想、または自己欺瞞である。

そもそも米国と交渉して、一定の条件（例えば、仏印からの撤退、中国での停戦など）に合意した場合、そうした合意は、日本の当時の状況の下で実行し得たであろうか。

軍自身が、軍内の統制に困難を感じている時、軍をまとめる唯一の方策は、戦争に訴えることしかなかったのではないか。

敗けることが分っている戦争に突入することを止め得なかったのは、軍自身の心ある人々も含め、日本が敗け、軍全体が力を失って初めて日本が変わり、米国も含めた国際社会との和解が可能となるとの見方を秘かに（心の中に）持ち続けていた人々が相当いたからである。

一九四二年一月九日、山本五十六連合艦隊司令長官は、呉に停泊中の戦艦長門から、愛人の新橋の芸者の親友、丹羽みち子宛に手紙を書いた。検閲済みの封筒の中に入った、山本の達筆な手紙の中には、いずれ東京が爆撃で火の海になる可能性に言及しながら、せいぜい勝ち戦さの時期に今後来るべき苦しい時代のための心積りをしておくべきであるとの趣旨が書かれていた。(6)

真珠湾攻撃の成功からわずか二ヶ月後に書かれたこの手紙は、当時の心ある人々の自己欺瞞の悲劇を余すところなく象徴している。

加えて、もう一つの自己欺瞞があった。それは、三国同盟との関係である。

ドイツはつとに、日米交渉について通報をうけた際、米国は戦争開始の責任を枢軸国側に転嫁するために交渉に応じているにすぎないと日本に警告していた。(7)

云いかえれば、日米交渉は、三国同盟の信義に違反する交渉であった。日本が、三国同盟の義務と信義に忠実でありながら、同時に日米間に政治的了解をつけることは不可能なはずであった。なぜなら既に米国は、実質上中立を捨て、護送や哨戒を初め、英国側への軍事支援にふみきっていたからである。

条約文言の姑息な解釈や一時の便宜的方便で三国同盟と日米交渉を両立せしめようとしたことは、正に自己欺瞞の最たるものであった。

第二次大戦後の憲法解釈や非核三原則の適用問題、日米安保条約の適用範囲の問題など、多くの領域で、日本は、再三自己欺瞞をくり返してこなかったと云えるであろうか。

自己欺瞞は、真実の選択のモラトリウムである。それは一定の状況で、短期間、ある種の方便としては有益かもしれない。しかしそれを長期に亘って行なうことは自己の破滅である。なぜなら自己欺瞞は、自己の喪失につながるからである。

交渉開始の是非

日米交渉をふり返る時、交渉の仲介者の質や日米双方の認識や読みにいろいろな齟齬があったにせよ、ともかくも「あの際日本は難きを忍んで譲歩すべきであった」（「調書」の言葉）と論ずることもできよう。

しかし、日本国内の情勢が、そのような譲歩を到底許さなかったであろう。

だからこそ、ハワイでの首脳会談という非常手段に訴えて、いわば外からの圧力でなんとか国内の反対派を封じこめようと図ったのである。

しかし、それも、米国のかたくなな態度と日米間の相互不信で駄目になった歴史をふりかえると、日米交渉はそもそも開始しない方がよかったのではないか、という点が問題となる。

少なくとも、いきなり大使と国務長官レヴエルで、大原則についての了解をつけようといったアプローチをとるのではなく、当時、中国をめぐって日米間の懸案は山積みの状態であった以上、「まずこれらの懸案を少しづつ《ママ》でも解決して行って、交渉に少しでも有利なふんい気をじょう成するに努むべきではなかったか」（「調書」の言葉）という疑問が生ずる。

こうしたつみ上げ方式であれば、一つ一つの懸案の解決は難しくとも、その挫折がいきなり両国間の戦争止むなしという結論には結びつかなかったはずである。

ともあれ、日米間の大きな原則的立場についての了解を図ろうとした日米交渉であってみれば、そうした交渉が行き詰れば、原則についての相互理解は不可能との結論に達したことになり、日米双方に、交渉が決裂した時は戦争であるとのほぼ確実な前提を与えることになってしまったのである。

従って、そのような交渉は、まとまる公算が相当高ければ別として、そうでなければ始めること自体に問題があったとする「調書」の論評は十分うなずけるものがある。

日米交渉が決裂すれば、当然戦争しか選択肢はない、その時頼りになるのは三国同盟である。それなのに、日本了解案なるものの中で日本があたかも三国同盟を軽視ないし無視するような立場を表明するのは全くおかしい——松岡はこう主張したとされる。

もとより松岡の主張は正論であり、それをも押して日米交渉をすすめるのであれば、それは論理をこえた、一種の政治的賭であり、その賭をやらなければどうにもならなくなっているとの点について、日本政府内部、なかんずく日米交渉の推進者近衛首相と外交当局の最高責任者松岡外相との間に十分な意思疎通がなければならなかった。

ところが事実は逆で、両者は次第に反目しあうようになっていた。


日米交渉なるものは、分裂した外交によって行なわれ、その結果は初めより呪われたものであっ

て、後世史家は、交渉の経過または折衝ぶりよりも、その開始せられた経緯について、批判の重点をおくものと認められる。(8)

このように日米交渉は、最初から呪われた交渉であり、その開始自体に大きな疑問符がつけられるのである。

なお「調書」は日米交渉について分析、論評する際、宣戦布告のタイミングの問題、すなわち在米日本大使館が宣戦布告を通告するタイミングを誤ったために、不意打ちの汚名を着せられたとの点については、弁明もしておらず、また批判も加えていない。

他方、「作業ペーパー」は、この点について、開戦通告もきちっとすべきであった、時間的余裕をあまりにもきりつめ、奇襲攻撃ばかりに注意を集中したが、それにより得るものより失うものの方が多かったとの反省を加えている。

そして最後の瞬間の対米覚書の伝達遅延は、外交事務の機械化の必要性や、機密保持と能率のバランスのあり方などについて考えさせるものを含んでいるとしている。

伝達遅延が誰の責任であったか、という点も忘れられてはならないが、それよりも重要なポイントは、外交的考慮よりも軍事的考慮を重んじる体制を作りあげてしまった真の原因が何であったのかを見極めることではなかろうか。

（1）鹿島平和研究所『日本外交史』第二十三巻、加瀬俊一「日米交渉」鹿島研究所出版会、一九七〇年。
（2）同右、二八、三一、三八頁参照。
（3）同右、四六頁。
（4）同右、二八頁。
（5）一九四一年二月七日付、外務大臣発在米野村大使館宛電報第六八号。外交資料「日米交渉記録ノ部」（昭和十六年二月ヨリ十二月マデ）所収。
（6）料亭「小すが」所有の山本五十六の書簡。
（7）鹿島平和研究所、前掲書、一一三頁。
（8）重光葵「日米交渉」『中央公論』一九五二年二月号。

日本外交の過誤（七）日米交渉

日米交渉は、昭和十六年の初めごろから、岩畔（陸軍大佐）、井川とドラフト《ママ》、ウォルシュの両牧師《ママ》等を中心とする私的会談に端を発した。そして、ようやく四月十六日に至り、ハル国務長官から右会談の成果たる七項目より成る一試案を野村大使に示し、これを基礎として非公式討議を開始したい旨申入れて来た。もともと、松岡外相は、一月二十二日、野村大使の赴任に際して訓令を与え、三国同盟及び大東亜共栄圏樹立の既定方針を基調として日米両国間の国交調整を行うよう命じている。従って、日米の国交調整交渉を行うことが、時の政府の初めから意図していたところであったことは、明かである。

日米交渉なるものは、当初から決裂に至る半歳余の折衝において、双方の主張が根本的に何等かの歩み寄りを示さなかった点において特徴的であった。日本の方には（イ）三国条約の解釈、(ロ)在支日本軍駐留問題、(ハ)通商上の無差別原則の根本的な三問題について、実質的な譲《ママ》歩する腹は毛頭なかったし、米国の態度もインフレクシブルで、数個の原則を固執するに終止した。今日からすれば、あの際日本は難きを忍んで譲歩すべきであったという論もできるであろう。右の三問題の如きは、日米交渉を本当に成立させる気であったら当然先方の主張を容れる覚悟でかかるべきであった。又、日本国内の情勢を離れて考えれば、これらの点で譲歩しても、交渉を成立させた方が有利であったことは、いうまでもない。近衛首相は、ロウズヴェルトとの会談を実現し、何とか交渉を成立せしめたいというところから、米国側のいわゆる国際関係に関する四原則(領土保全と主権の尊重、内政不干渉、通商上の機会均等、平和的手段以外による太平洋の現状不変更)を一たびは無条件に承認するところまで行ったが、これも後から日本側で制限をつけたりした。

そこで、一体、あの際日米交渉を開始することがアドヴァイザブルであったかどうか、ということが問題になる。当時は、支那事変に関連する日米間の懸案が山積していたが、まず、これらの懸案を少しづ《ママ》つでも解決して行って、交渉に少しでも有利なふんい気をじょう成するに努むべきではなかったか。又、米国が満洲事変以来反対し続けて来た東亜の事態を大体そのまま呑みにさせることになるような条件で交渉を成立させようというのは、余りに甘い考え方で、本当に交渉を成立させるつもりであったら、相当実質的な譲歩もする用意がなければならないはずであった。この点について、まず国内を固めてから、交渉に乗り出すべきではなかったろうか。

もう一歩突き込んでいえば、そこまでの用意ができなければ、むしろ全然交渉を試みない方がよかったということにもなるであろう。一般の情勢が険悪であり、当事者間の関係も極度に緊張していたあの際のことであるから、交渉が不調に終れば、どうしても戦争ということになることは、ほぼ確実に見透しえたはずである。

このような場合の、いわば戦争を回避するための国交調整交渉は、できない場合は戦争することを前提として行われることになるから、ますます成立が困難になる。前述の通り、日本は、日米交渉の最中の昭和十六年七月、南部仏印に進駐した。これは、戦争を前提とする限り、必要な措置であったかも知れない。しかし、日米交渉の運命に対しては致命的な打撃となった。これに対抗して米国が諸般の対日圧迫措置をとったことは、当然であるが、これで日米交渉に対する日本の誠意を疑わしめることとなったことも大きい。

日本は、米国が欧州戦争で英仏を積極的に援助した関係上、東亜において事を構えることを避けようとするであろうというところに掛けて、日米交渉に乗り出した。ところが、戦後発表された種々の資料によっても、当時米国の当局者は、さらに積極的に対独戦に介入したがっていたのであって、日本の真珠湾攻撃は、むしろ彼等をほっとさせたのである。当時の米国当局者の交渉にのぞんだ態度についても、戦後米国内で、交渉を成立せしむべきであったという見地から批判する者もあるが、しかし、米国の当局者が賢明であったかどうかは別として、日本側としては、こういう米国側の立場なり腹なりは、やはりそれとして計算に入れて置かなければならなかったはずである。

なお、当時の英国も対日強硬態度を主張した。米国の態度が一時ぐらついた十一月、チャーチル首相は、ロウズヴェルト大統領に親書を送り、蒋介石を見殺しにしてはいけない、日本人は当てにならないという趣旨のことを申し送っている。米国のみならず対独戦で弱り切っているはずの英国までも、想像以上に強腰だったわけである。

第八章　終戦外交

タイミング批判

戦争の開始をめぐる外交交渉のあり方は、日米交渉を通じて多くの教訓が得られている。同時に、戦争の終結に関する外交についても、第二次大戦はいくつかの論点を提供している。

第一は、終戦のタイミングのつかみ方である。

一九四五年八月に至る前の段階で、外務当局が、八月の時ほどの意気込みで強く終戦を主張していれば、あるいはそれを実現できたかもしれないと「調書」は云う。

そうとすれば、どういう機会をとらえればよかったのであろうか。

「実際問題として」と、「調書」は云う。一九四五年三月頃までは、終戦工作を行ない得るような国内状況に全くなかったのである。

そう仮定すれば、チャンスとしては、米軍の沖縄上陸（五月）、ドイツ降伏（同五月）、沖縄陥落（六月）、ポツダム宣言発表（七月二十六日）などが主要な契機として考えられる。

このうち、ポツダム宣言発表を別とすれば、大きなチャンスは、ドイツ降伏であった。ドイツ降伏は、連合軍の戦力が日本に集中することを意味し、現に沖縄は、米軍上陸のターゲットとなりつつあった。

では何故外務当局は、ドイツ降伏のチャンスを活用しようとしなかったのか。

一つには、当時の外務省が、ドイツ降伏の影響を先ず条約という側面からとらえ、三国同盟や防共協定の失効という点を先ず第一関心事としたことである。条約の失効云々よりも、日本は、五月八日に出されたトルーマン声明（日本に無条件降伏を呼びかけて、国民を奴隷化したり、日本国民を滅亡させるものではないとの趣旨の声明）を重視し、これに応えることや、沖縄での犠牲を最小限にとどめるためにも何をすべきかを迅速に検討すべきであった。

しかし、そうした外務省のある種の体質に対する批判よりも重要なポイントは、当時日本では、外務省関係者も含め、無条件降伏へのアレルギーが強かったことである。

現に、五月十一日、十二日、十三日の三日間に亘って開催された最高戦争指導会議において、東郷外相ですら、無条件降伏ではなく日本にとって若干なりとも有利な講和に導き得る国があるとすればソ連である、しかしそれにはソ連に対して相当の代償を払わねばならないとの考えを披露しているほどであった。(1)

こうした情勢全般と外務当局の対応を、「調書」は、鋭く批判する。

五月に入るや、沖縄の敗色も濃厚となっており、海軍もこの作戦においてほとんど壊滅にひとしい状態となり、又本土に対する本格的な来襲もいよいよ始まっていた。そこにもって来て、かろうじて残っていた唯一の盟邦（ドイツ——引用者）も敵の軍門に降ったわけである。当時、外務当局は、ソ連による中立条約の廃棄の重大さを自覚もせず、又、かりに自覚していたにしても、これを終戦をもたらす上に国内的に利用しようとはしなかった。又、ドイツ降伏に際しては、少

くとも表面上は、三国条約等が当然失効したものと認める旨の発表をしただけであった。この時、政府当局者、特に外務当局が、八月の終戦の際位の意気込みで、強く終戦を主張したら、目的を達することができたかもしれない。少くとも、ポツダム宣言が発出された時、これを受諾するだけの精神的な準備はできたのではないかと思われる。

この批判は一見至極もっともに聞える。しかし、具体的に何をなし得たか。

英米両国が無条件降伏を金科玉条としている以上、第三国を仲介して降伏を申し出ても、無条件降伏を受諾するか否かを問いつめられるだけであったであろう。

しかも、軍内に根強い、「ソ連に和平工作を依頼すべし」との考え方を、単に「ソ連は信用できない、かえって足元をみられてつけこまれる」とだけの理屈でねじ伏せるのは極めて困難であったであろう。

加えて、本土決戦を行なって激しく抵抗してこそ敵も和平に応じてくるとする本土決戦論者をおさえることも至難の技であった。

もし、そうした状況下で和平が可能であったとすれば、トルーマン大統領の声明が、国体について何一つ言及していないことを根拠に無条件降伏の受諾を天皇に迫り決死の覚悟で軍と対決することであったろう。

たしかに、吉田茂のように投獄を辞さずして和平を唱えた者や中野正剛のように東条政権に反抗して憤死した人々もいたが、かつての首相経験者、外相経験者も含め、意見書を出した人物はいたにしても、この時点で命がけで無条件降伏を唱えた者はいなかった。

「当時の廟堂に智者はあったかもしれないが、勇者は無かった」[2]のだった。

ドイツ降伏の時のタイミングを逸したとすれば、次の機会は、申すまでもなくポツダム宣言が出された時である。ポツダム宣言については、早い段階から外務省は、ドイツに対する降伏条件とは異なる点を十分認識していた。[3]従ってこれを受諾することで戦争を終結すべしとの考え方を持っていた。しかしながら外務当局は、即時受託を強く主張しなかった。

何故か。それには、二つの理由があった。

一つは、まさにポツダム宣言が、ドイツの場合と異なり、日本の主権を認め、天皇及び国体に言及しておらず、あたかも、最後の一線については条件闘争ないし交渉が可能のように見えたことである。この点外務当局は、ポツダム宣言を受諾可能と見ながら、同時にそれ故に条件についての折衝が多少なりとも可能と考えたのであった。それが、即座の受諾に逆に歯止めをかけることとなったのは運命の皮肉であった。

第二に、当時日本は、ソ連に和平のいわば仲介をしてもらうべく、近衛特使の派遣を打診中であった。「目下ソ連と交渉中であるから、ポツダム宣言受諾の最終的決定は、ソ連からの回答を待ってからにすべきだ」との声に抵抗できなかったことである。[4]

日本はいわば自縄自縛におちいっていたのであった。

ソ連への仲介依頼という愚策

このように見てくると、ポツダム宣言受諾の遅れとそれに伴なう原爆の被害やソ連の参戦という悲劇は、日本がソ連に対して和平工作を依頼するという愚挙を、（しかもソ連が中立条約の廃棄を通告し、又、米英側に立っていることが明白になっている時期において）敢えて行なったことこそが終戦外交として、最も批判されねばならない点となる。

「調書」も、「ソ連のような国に終戦のあっせんを依頼することは、外交的には全く理解し得ないことであった」と断定する。

また当時駐ソ大使であった佐藤は、「調書」を作成した外務省員とのインタヴューで、「広田・マリク会談（広田元首相と在京ソ連大使マリクとの間で行われていた日ソ交渉）では日本側がすっかり泥を吐いて手の内を見すかされた位がオチであって、あの際重要な一ヶ月を空費したとは、承服できない」と語っている。

そもそも、このような無謀でかつ無益どころか有害な交渉を外務当局は何故始めたのであろうか。しかも、広田・マリク間の交渉開始後相当後になるまで駐ソ連日本大使館には一切事実を知らせず、また、日ソ交渉の無益なることについての佐藤大使の意見具申を無視し続けたのはどうしてなのであろうか。

在外の関係国大使に交渉の内容を知らせず、大使の意見を全く無視して行なわれた「交渉」なるものは、外交ではなく内政である。云いかえれば、内政上の理由から一見国際的な、外交上のアプローチがとられたにすぎないのである。

ここで云う、内政上の理由とは何か。

それを「調書」は次のように解説している。

一体、このソ連に仲介させようとしたことについては、軍側に、ソ連を間に立てれば幾分でも米英に対する牽制ともなろうという見当違いの考え方があり、外務当局としても、軍を終戦に引張って行くためには、この軍側の気持に一応乗ってソ連に話をもちかけ、いよいよこの最後の頼みの綱もだめだということを納得させる必要があったのだという説明が行われている。

一言で云えば、対ソ終戦工作交渉は、専ら内政上の理由のために、有害無益であることを相当程度承知の上で、敢えてとられた方策だったのである。

通常、ポツダム宣言の受諾が遅れ、その間原爆投下とソ連の参戦という悲劇をまねいた事については、ポツダム宣言についてはコメントしないとの閣議決定を逸脱して、鈴木首相が、ポツダム宣言を黙殺すると公に発表し、これが米英ソ連を刺激したためである、とされている。しかしよく考えてみれば、そもそも迅速にポツダム宣言受諾を声明できなかったところに問題があり、それはまた、ソ連との交渉を始めるという愚策のせいであり、そして、かかる愚策を外交上とらざるを得なかったのは、軍部の強硬派をおさえることが内部の論理だけではできず、ソ連との交渉の挫折という、「外部の力」

が必要であったからなのだ。

ここにおいて、外交は内政の犠牲とされ、原爆投下とソ連の怒涛の如き満州進出という大きな犠牲を払うことになったのである。

戦争と外交

こうした終戦への過程をふり返ってみると、逆説的ではあるが、一つの基本的疑問が湧く。

日本は、日本が勝利を収めた直後、敗勢になる前に、勝利の勢いに乗って、戦争の終結ないし和平を提案し得なかったか、という設問ないし疑問である。

例えば、東郷外相は、緒戦の勝利の間にも早期終戦の必要性を信じ、早くも一九四二年一月には終戦への道を研究すべきことを外務省員に訓示したほどであったが、具体的な外交措置は全くとられなかった。

それは、緒戦において予期以上の成果を得たため、これが過大評価され、いつしか早期終戦の声はかき消され、神州不敗の過信にはまりこんでしまったからなのであろうか。

真実はそれほど簡単であるとは思われない。

真の問題は、そもそも開戦時に、戦争目的を明白にし、どこでどういう外交を展開するか、どこで交渉による和平をどういう条件で行なうかの構想がなかったことである。

戦争と外交は本来一体でなければならないはずが、外交的シナリオを全く持たず、開戦に至った事は何を意味するのか。

それは、日本にとり、対米戦争は、多分に追いこまれ、追いこまれて、それ以外に選択肢を持たなくなった結果としての戦争であったからである。だからそこには外交構想も、そして、見通しすらもなかったのである。

（1）鹿島平和研究所『日本外交史』第二十五巻、松本俊一・安東義良「大東亜戦争、終戦外交」鹿島研究所出版会、一九七〇年、一三〇～一三一頁。
（2）「作業ペーパー」の一節。巻末付録解説参照。
（3）例えば、一九四五年七月三十日付加瀬俊一在スイス公使発外務大臣宛電報。
（4）この点については、例えば、鹿島平和研究所、前掲書、二一三頁参照。

日本外交の過誤（八）終戦外交

太平洋戦争開始が決定された当初から、この戦争において日本には軍事的に「対米屈敵手段なし」と、はっきり認められていた。かといって、外交的方法による終戦についても、別に目算があったわけでもない。もっとも、話合いによる講和ということになれば、相手方もあることであるから、こちらの思い通りにはならない。現に、米英側は一九四三年（昭和十八年）一月、ロウズヴェルト大統領とチャーチル首相のカサブランカ会談の際いわゆる無条件降伏の方式を天下に明かにしている。米英側としても、こういう立場をとったことが果して有利であったかどうかについては、戦後深刻な批判が行われており、たしかにその当否は疑問である。しかし、両国の当局者も国民も、当時実際にそういう気構えであったことは、一つの事実である。日独伊というような国は、やはりワンス・アンド・フォア・

オールに片付けてしまわなければ、将来に禍根を残すというような気持であったろう。従って、ネゴシエイテッド・ピースの余地は、初めからなかったかも知れない。現に、両国の当局者は、欧州戦争の当初以来、ドイツの反ナチ地下組織の連中からの和平申出を蹴っており、ヘスの英国乗込みも無駄に終っている。戦争初期におけるヒットラーの再三の公然たる和平提案も無視された。

しかし、だからといって、日本政府が戦争のある時期に公式に和平を申出たとしたら、これも同様拒否されたに違いないといい切ることはできない。日本が緒戦で戦果を挙げている間にこれをやれば、日本としては大いに有利であったであろうが、先方も不利を見越して恐らく応じなかったであろう。戦局は、昭和十七年六月のミッドウェイ敗戦を転機として下り坂になったが、その後、国内的見地から終戦を提唱し得べき機会としては、イタリーの降伏（昭和十八年九月）、サイパン失陥（十九年七月）、比島敗戦（二十年一月）、米軍の沖縄上陸（同五月）、ドイツ降伏（同）、沖縄失陥（同六月）、ポツダム宣言発表（七月二十六日）の時等があげられよう。しかし、実際問題として、二十年の三月頃までは、そういうことは、国内的に至難であったであろう。

ドイツの降伏は、終戦のための機会として、もっと有利に利用できたのではなかろうか。

このころ、戦争の継続のためには明かに不利な、従って終戦の方向を推進するのに有利な条件が集中的に出て来ていた。四月五日には、ソ連は中立条約の廃棄を通告して来ていた。五月に入るや、沖縄の敗色も濃厚となっており、海軍もこの作戦においてほとんど壊滅にひとしい状態となり、又本土に対する本格的な空襲もいよいよ始まっていた。そこにもって来て、かろうじて残っていた唯一の盟邦も敵の軍門に降ったわけである。当時、外務当局は、ソ連による中立条約の廃棄の重大さを自覚もせず、又、かりに自覚していたにしても、これを終戦をもたらす上に国内的に利用しようとはしなかった。又、ドイツ降伏に際しては、少くとも表面上は、三国条約等が当然失効したものと認める旨の発表をしただけであった。この時、政府当局者、特に外務当局が、八月の終戦の際位の意気込みで、強く終戦を主張したら、目的を達することができたかも知れない。少くとも、ポツダム宣言が発出された時、これを受諾するだけの精神的な準備はできたのではないかと思われる。

中立条約の廃棄通告の際、佐藤大使から条約期限満了までの期間におけるソ連の態度を質問したのに対し、モロトフは、最初、「ソ連の態度は、今後は、事実上中立条約締結以前の状態にもどる次第である」と答え、佐藤大使から、同条約はなお一年間有効のはずではないかと反問したのに対して、モロトフは「時期満了の時にその状態にもどる次第である」

といいなおして、お茶を濁している。これだけでも、ソ連が日本にとって十分警戒を要する相手であることは、読み取れ得たはずだといえよう。少くとも、ソ連のような国に終戦のあっせんを依頼することは、外交的には全く理解し得ないことであった。六月から広田、マリク大使会談が強羅で始められたが、ソ連側に日本の申出をまじめに取り上げる気持のなかったことは、初めから明瞭であった。わが方から、交換条件として、日ソ両国今後の関係を律する取極の前文案と満洲の中立化、露領漁業権の解消その他ソ連の希望する案件に関する討議の用意ある旨を書きもので申入れ、大至急回答方を要請したのに対し、マリク大使は、広田氏の申出は伝書使便で政府へ託送したと答えるのみであった。モスコウにおける佐藤大使に対するソ連側の態度も同じ調子であった。

一体、このソ連に仲介させようとしたことについては、軍側に、ソ連を間に立てれば幾分でも米英に対する牽制ともなろうという見当違いの考え方があり、外務当局としても、軍を終戦に引張って行くためには、この軍側の気持に一応乗ってソ連に話をもちかけ、いよいよこの最後の頼みの綱もだめだということを納得させる必要があったのだという説明が行われている。又、実際にそうとしか思われないのであるが、それにしても、内政上の理由のためにに、あえてとられた外交上の措置のためにこうむった損失は、高いものについた。

当てにならないソ連のあっせんを当てにしていたばかりに、数十の都市を焼かれ、原子爆弾に見舞われ、ヤルタの密約（もちろん、当時、そんなものがあることは分っていなかったが）を反古にしそこなったのである。

終章　「過誤」の解剖

三つの誤った判断

外交政策に過誤があったかなかったかを判定する第一の基準は、元来、特定の状況や条件の下で、外交政策担当者が、的確な情勢判断をしたか否か、そして、しかじかの情勢判断の下で有り得べき選択肢を全て検討し、その中から妥当な選択を行なったかどうかの点にかかっている。（また、若干時間帯を長くとれば、いったん選択した政策を、情勢の変化に応じ、果敢かつ迅速に転換し得たかどうかという柔軟性の有無も問題となろう）。

先ず、情勢判断の点から云えば、第二次大戦に至る十年ないし二十年の間の外交当局の情勢判断には重大な誤りがあった。

第一に、中国大陸におけるナショナリズムの高揚とその歴史的意味に対する理解が不足し、徒らに中国の反日、抗日、侮日ばかりを問題とする方向に走っていたことである。

何故大日本帝国の指導者たちは、同じアジアの中国民族の独立と領土保全、経済発展への願望を軽く扱い、支持するどころか逆にこれを抑圧しようとばかり焦っていたのであろうか。

それは一つには、アジアの植民地または半植民地化した国々の自己統治能力と自己管理能力への不信と、西欧列強のやることを日本もやらなければ国際的地位を保てないとする野望のせいであったことは明らかである。

「調書」は例えば、日本の対中国政策は名分の立たないものであったと糾弾しているが、その奥には、アジアのナショナリズムへの日本の無視があったと云える。

第二に、情勢判断の上での大きな誤りは、欧州におけるファシストグループと民主勢力との間の争いにおいて、民主勢力が敗れるとの状勢判断を下していたことである。

加えて、そもそも欧州の政治が、権力闘争や利害の調整以上に、明日の世界のヴィジョンについてのイデオロギー論争である点をどこまで日本の政治指導者が理解していたかが問われるところである。

第三に、アメリカの政治、外交政策の方向についての判断の誤りである。

排日移民法に象徴されるように、日本を「敵」とみなし、異質の侵入者とみなす人々の心情が、知らず知らずのうちに日本に対して懲罰的あるいは道義的アプローチをとる方向を強め、現実的な利害調整に米国が乗ってこないことについて、日本側に深い洞察がなったことが、日米交渉を当初から「呪われた交渉」にしてしまった一因であった。

「選択」の誤り

状勢判断に大きな誤りがあれば当然、政策の選択にも過誤が生ずる。

国際連盟からの脱退、軍縮条約の廃棄、三国同盟の締結——これら全てを「調書」は、重大な過誤とみなす。

このうち軍縮条約の廃棄の問題を除けば、いかに軍部の圧力が強かろうと、外交当局が最後まで、「否」と云い続ければ、阻止できた事柄である。

ここまで来ると、選択の是非もさることながら、選択の幅の問題が出てくる。連盟脱退、中国との和平交渉の挫折、軍縮会議からの脱退、そして、三国同盟——そうした過程をふり返ると、外交当局が誤った選択をした裏には、実は、政策の選択の幅が次第次第に狭められ、好むと好まざるを問わず、そうした選択に追いこまれていったという傾向が浮び上がってくる。

何故日本は追いこまれて行ったか。

それは、外交政策の与件とも云うべき国際環境と国内世論（及び国民感情）が、外交の選択の幅を狭めていったからである。

国内世論の啓発という点から見れば、軍と比べて外交当局は極めて高踏的であった。

この点有田八郎が次のように述懐しているのが、極めて印象的である。

（軍は）ロンドン条約前後から大きな金を使って軍備の必要を強調し、又いわゆる生命線論を宣伝した。陸軍は在郷軍人会のような組織を持っていた。これをどの程度に使ったかは知らないが満洲事変の直前に在郷軍人大会で南陸相が満蒙問題解決のためには断乎として立たなければならないと演説したこともあった。軍は又御用学者も大分もっておった。当時自分は親戚の者から「軍の方からは色々なパンフレットも送って来るが外務省の方は何もしていないね」とよくいわれたものだ。当時外務省の者は、小村さん以来の伝統で、外交は外務省に任せておけという考え方で国民大衆の上に立ってやる点に欠けていた。（「調書」の付属文書）

この文章の「軍部」を、他の組織に入れかえてみると、今日においても、外交当局には耳の痛い批判である。

第二次大戦後、単独講和の選択、日米安保の改定、日韓国交正常化等々、長い間、外交当局は、多くの国民の素朴な感情にむしろ逆らってまで、戦略的外交を展開してきた。それはまた米国の戦略に日本の外交を合致させる努力の一環でもあった。その過程で、外交は、国民感情を抑えたり、これに冷静さを求める側の役割を演じ続けてきた。

「そうは云っても、国際社会では……」、あるいは「日米関係のためには……」と云うのが慣わしであった。事実、国民はそれを飲みこみ、大方において保守政権を支持し続けてきた。

しかし、国民は本当に納得してきたのであろうか。

確かに国内世論という点では、全体として支持を最後には得ていたことは間違いない。

しかし、国際的な働きかけ、すなわち国際世論への働きかけはどうであろうか。

一国の外交の選択の幅を広げるためには、国際的与件や環境、あるいは条件を変えていかなければならない。

日本の国際世論への働きかけは十分であったであろうか。

戦前、日本が国際連盟を脱退したのは、表面的には、軍の満州における謀略が、日本の外交的立場を損ない、国際信用を失墜させたせいであるが、その奥には、実は、日本が国際連盟において多くの友人を作ることに失敗し、国際世論をもっと味方につけることを怠ったという側面があった。

連盟を脱退して日本は孤立無援になったのではない。孤立無援になったからこそ、連盟を脱退したのである。

外交の理念

国内世論を啓発し、国際社会に働きかけるには、訴えるべき理念が必要である。

第二次大戦前の日本外交の理念は、韓国、台湾の植民地の安定的経営と満州における権益の擁護であったと云っても云い過ぎではあるまい。

満州や中国の特殊事情についてのアッピールや大東亜共栄圏思想も結局は、日本の帝国主義外交の戦略と理念の産物にすぎなかった。

もっとも、「調書」は、理念という言葉を使わずに「政策の根本」という表現を用いる。その「政策の根本」にいかなる理念があったか。それはアングロ・サクソンの世界支配の打倒ではなかったことは勿論である。

人種平等といった理念を一時日本は掲げたが、現実の中国政策や植民地政策でこれを実行し、国際場裡に訴え続けるような政策をとったわけではなかった。

ここで考えなければならないことは、外交理念を国際社会に訴えるには、国民レベル（すなわち国内政治の上）でのエネルギーを必要とするということである。国内において理念と信条による政治が行なわれていなければ、国際的にアピールできるものが真に生まれてくるはずがない。

残念ながら、一九二〇年代後半から三〇年代にかけて、日本では、反共産主義という「アンチ」の理念以外に強い国内政治上の理念が打ち出された形跡はない。そして、正にそれが故に日本は理念なき外交を実践してきたのである。

加えて、外交の理念、とりわけ国際社会へアピールすべき理念となれば、それを作り、その実行を訴えてゆくにあたって、どの国もパートナーが必要である。

当初のきっかけ作りは別として、一国だけで理念を国際社会に定着させることはできない。なぜなら、それは、多くの国によって共有されて初めて意味を持つものだからである。

パートナーの選択

第二次大戦前、日本は一時、英国をパートナーとし、また、短い期間ではあったドイツをパートナーとして選択した。しかし、そのいずれにおいても、日本は、戦略や戦術を共有することはあっても、外交理念を共有したとは云えない。

日英同盟の目的も、その本質は、ロシアの進出への牽制と中国及び極東の西欧植民地主義の保全であり、明日の国際社会のあり方についての理念を共有したものではなかった。

ましていわんや三国同盟もしかりである。

今日、日本は、「先進民主主義工業国家」として、米国や欧州の国々と、国際秩序のあり方についての理念を共有し、これらの国々といわばパートナーシップを組んでいる。

日本外交の理念も、「人間の安全保障の確保」、すなわち、環境汚染、テロ、大量破壊兵器の拡散、国際的感染症、食料不足や水不足等の問題の解決にあると云われることが多い。

しかし、正にそうした問題の解決に努力するために集まった先進民主主義工業国家八ヶ国の首脳会議、いわゆるサミットは、市民の反対運動の大規模なデモに取り囲まれる状況が出現している。

人々は、そうした会合の裏に、富める者の利己主義と民主主義の偽善をかぎとっている。

なぜならば、「人間の安全保障」の確保を先進民主主義国が真に理念と考えるのであれば、その実現のために何が必要かについて、世界のより多くの人々の声に耳を傾け、その人々の意見を勘案するはずであると考えるからである。

加えて、多くの国において、国内の政治状況が優先され、理念は後回しにされる。地球温暖化についての京都議定書への米国の不参加は、そのような例の典型である。

それでも、米国には米国なりの理念と道義がある。しかし、日本外交には自己の理念を押し通す情熱と実力とエネルギーがあるのであろうか。

第二次大戦前、日本外交は、軍部を中心とする国内の「強硬派」とそれと結ぶ国内政治勢力の力におされ、理念なき外交に堕していた。その証拠に外交は、対応能力、交渉能力、外交技術とみなされ、三国同盟の字句の解釈やポツダム宣言の「文章の解析」には才能を発揮したが、日中戦争の拡大防止、南進の阻止、ソ連への警戒といった肝腎の施策において「過誤」をくり返した。

それは、とどのつまり、外交当局に真の理念がなく、また、それを実行しうる実力もなかったからである。

軍は何故それほど力を持ち得たか。

ここでも有田八郎は、鋭い指摘を行なっている。

軍部があそこまでやれたのは、結局外国に兵をおいていたからである。

確かに、内地からの兵士の海外派遣は政治的コントロールがきくが、外地に駐在している軍は、現場における自衛権の発動についていちいち指令を仰いでいるわけにはゆかない。

軍隊の海外駐在（派遣ではない）と、軍へのシヴィリアン・コントロールとの関係は、相当つっこんだ検討が必要であることを有田の言葉は暗示している。

このように過去をふりかえってみると、今日、海外への兵士の派遣を、日本の国内法律上の規定のみならず、国際的条件（例えば派遣先国の同意や国連決議など）に係らしめていることは、過去の経緯にも鑑み、極めて重要である。

一国の外交の理念が、国内事情からふみにじられることを回避するためにも、パートナーの存在は不可欠なのである。

今日、日米安保条約について、これは日本の平和憲法の精神を守り、日本の軍事行動が国内事情だけによって行なわれないための歯止めとして重要である、との議論が存在する。

傾聴に値する議論である。

しかし、今日日米安保条約が、日本の防衛のためという目的をこえ、極東ないし東アジアの平和と安定という目的すらもこえ、中東紛争や世界的なテロ活動の防止という、地球的規模の協力のためのフレームワークとなっている時、日米安保条約が、日本の不合理な軍事行動への歯止めではなく、日本が本来望まない軍事行動への参加や協力を誘発するメカニズムとなるおそれがないかどうか――そういった古典的設問をもう一ぺん真剣に考える必要はないのであろうか。

また、日本のパートナーの選択にしても、米国はもとよりのこととして、貿易、経済面を中心として考えれば韓国、安全保障面を考えればオーストラリア、そして環境や国際感染症、エネルギーを考えれば中国などとのパートナーシップの強化と外交理念の共有をすすめるべきなのではあるまいか。

「過誤」の反省の原点

これら全ての「過誤」の分析と解剖を経て、あらためて「調書」の結論部分を読み直してみると、次の所が今まで以上に強い印象で迫ってくる。

かりに、あの際日本が隠忍自重して、戦争に入っていなかったと仮定したら、どうだろうか。戦争を前提とするからこそ、石油も足りない、屑鉄も足りない、ジリ貧だということになる。戦争さえしなければ、生きて行くに不足はなかったはずである。

ここには、憲法第九条のもともとの精神とも似た、(外交の理念としての)反戦の思想がにじみ出ている。

すなわち、武力による威嚇や武力行使を、外交の手段としては一切用いないということである。従って、止むを得ない自衛のための武力行使や威嚇は許容されるとしても、外交目的とは全く次元の異なるものとして許容されることとなる。

例えば、ミサイル攻撃から日本を守るために、日本がミサイルをうちおとす体制を作っておくということは、自衛の概念としてはあり得るが、相手国がこちらの主張する外交目的（例えば原子力発電所の国際査察）を拒否するのであれば、ミサイル攻撃をこちらから行なうという政策は、外交政策としてはとり得ないこととなる。

防衛論議と外交論議は分けて考えなければならない。防衛論議が、そのまま外交論議になってしまったことに、戦前の日本外交の過誤の核心があったのではなかろうか。

ある仮説

ともかくも戦争だけは避けるという考え方に関連して、「調書」は、その末尾の結論部分で、ある一つの、一見奇妙な、それでいて興味ある仮説を提示している。

その仮説とは、（若干分りやすく補足を加えると）つぎのようなものである。

仮に日本が、独ソ開戦を契機として、三国同盟を廃棄ないし休眠させ、同時に中国との和平交渉を真剣に行なって中国本土（すなわち満州以外）からの徴兵について期限を明示し、南進を控え、いわば忍びがたきを忍んでも日米交渉と日中和平を実現し、欧州の戦争には、事実上中立を守り、太平洋に戦火が拡がるのを避けていたならば、日本の運命はどうなっていただろうか。

ファシストのスペインが、ドイツ、イタリーにおけるファシスト政権の崩壊後も、ともかくも生きのびて、民主主義的体制を（表面的なものながら）徐々に導入し、連合国側にすり寄っていったように、日本もドイツの敗北と前後して連合国側にすりよっていったらどうなったか。

スペインが、戦後一時国際的孤立を余儀なくされ、国連も一九四六年スペイン排斥決議を採択、マドリッドに駐在する大使は、ポルトガルとアルゼンチンのみという状況に追いこまれたように、日本も、世界中から白い眼で見られ、排斥されたかもしれない。

しかし、冷戦の激化とともにアメリカはスペインに接近、一九五〇年八月にはスペインに経済援助を行なうまでになったのである。日本も、じっと我慢していれば、あるいは、米国と戦争せずに折り合いをつけることができたのではなかろうか。

歴史に「もし」を云い出したらきりがないと云われる如く、この「調書」の仮定は、いささか大胆すぎる。しかし、仮にこの「調書」の仮説に従ってみよう。

「調書」の云う通り、第二次大戦後、東西冷戦の激化とともに、米国は日本にすり寄って来たとの仮定は正しいだろうか。

この場合、問題は中国である。

スペインの場合と違って、日本の戦前の体制と満州国をそのままにして、中国及びアメリカと暫定的な了解に達したと仮定しても、中国大陸の情勢は流動的であり、日本が孤塁を守ることは不可能ではなかったか。云いかえれば、スペインの場合は、内戦があり、その勝利者がスペインを率いていた。他方日本は、二・二六、五・一五とあいつぐクーデターの試みをともかくもはらいのけ、ぎりぎりのところで内戦を回避し、そのつけを中国大陸への進出、侵略によって帳尻合せしていた。従って、日本がスペインのようになれたとすれば、それは内戦またはそれに近い変動を経て、全軍、全政治勢力を統括し得る独裁的指導者を持った時のみであったであろう。

日本には内乱に近い蜂起はあっても内乱そのものや内戦はなかった。皮肉なことに、それが日本を大戦争へ導き、また内乱なき終戦を実現したのである。

「過誤」の原点

これら全ての日本外交の過誤の奥にあったものは、軍部の独走であり、それを抑えられなかったのは軍の指導部、外務当局、そして政党政治の力の欠如である。

しかし、何故、負けることの分っている戦争に突入するほど軍部の独走を許してしまったのか。「調書」は、この点について、軍の独走に対して本来もっと反対すべき勢力ですら、アングロ・サクソンの世界支配の覆滅という幻の夢を抱いていたからであるという。

しからば何故、多くの日本人が、そのような夢にとりつかれたのか。

「調書」は、その理由として、欧米諸国の人種偏見と資源のとぼしい日本の立場に言及する。

確かに、米国における排日、英連邦における日本品締め出しは、日本が資源にとぼしく人口の増加に苦しんでいただけに、感情的反発の因となった。

その奥には、日本がアメリカやイギリスによって結局、対ロシア戦略や中国大陸における権益、あるいはフィリピンの権益擁護のために適当に利用され、その過程で、日本が予想以上に強くなると、英米はたちまち日本排斥に動いてきた——そういう感情が秘んでいたことは間違いない。

今日においてすら、日本の経済力が世界的インパクトを与えると、たちまち、日本を敵よばわりし、あるいは、「異質の日本は世界から疎外されるべきである」と説く人々が出る始末である。

日本排斥の心理は、今でも世界の底流にある。

しかし、日本外交にとって真の問題は、そうした底流の存在ではない。日本自身が、「脱亜入欧」路線をとって、他のアジア諸国を「排斥」して、欧米帝国主義国の仲間入りを果たそうとしてきたことにある。

日英同盟や太平洋の現状維持を確認しあった高平・ルート協定など、日本がかつて欧米諸国と結んだ同盟や協商には、アジアの国の犠牲において、日本の帝国主義的野望を欧米諸国に承認してもらう趣旨のものが少なくない。

しかし、こうした帝国主義外交の原理は、新しい時代の波の挑戦をうけていた。

新しい時代の波——それは、ウィルソンの理想主義や連盟の基礎となった原則であり、また、中国、インド、朝鮮半島などで勃興してきた民族運動であった。

こうした新しい波をどのように外交と内政に反映させてゆくべきか——その点について日本の外交当局は、先見性がなかった。

軍部も、外務当局もそして大方の政党も、主観的には対立、抗争していたかもしれないが、客観的に見れば、帝国主義外交の枠の中であがいていたと云える。正に「調書」の云う通り、日本外交は、動脈硬化症におちいっていた。

では今日の日本はどうであろうか。

現在の日本外交は、「先進民主主義社会の一員である」という言葉に金縛りになっていないか。そしてその本質は、やはり「脱亜入欧」にほかならないとも云えるのではないか。

民主、自由、人権、市場原理——もとよりそうした理念ないし価値は、二十一世紀の世界全体にとって、できるだけ共有すべき価値であろう。

しかし、民族の独立、植民地主義の後遺症の克服、国際社会自体の民主化、核の究極的廃絶、そういった理念や価値を、日本は多くの国々と共有しようとする気構えを全く持たないでよいのであろうか。

今日の日本外交に過誤が生ずるとすれば、そうしたところに起こるのかもしれない。

日本外交の過誤（九）結　論

何事によらず後から批判することは、やさしい。既往を反省し、そこから将来に対する教訓を汲みとって、初めて批判の意味もある。このような見地から、外交の事に当る者が常に反省しなければならないところとして、次の諸点を挙げることができよう。

（イ）　第一に挙げるべきことは、当然のことではあるが、すべて根本が大切であるということである。外交は、単なる技術ではない。内政を離れて外交を考えることはできない。経世家としての気構えを必要とするゆえんである。条約等の字句については、細心の注意を払うことは当然必要であるが、それだけにとらわれて、政治的な意義、影響というような根本のことを忘れてはならない。対華政策の根本が改められない限り、本省や現地の事務当局がいかに努力して見ても、外交的には無にひとしい。軍というものが存在していた以上、当時としては、それ以上のことはできなかったにしても、根本に誤りがある場合には、枝葉末節の苦心は、単なる自慰に終る外ない。

（ロ）　第二に、常に物事を現実的に考えなければならないということである。これは、いろいろの意味で考えられよう。まず、感情におぼれてはいけないということも、その一つである。当時の日本の指導勢力は、数百年にわたるアングロ・サクソンの世界支配体制の覆滅というような夢を抱いていた。ドイツと結んでこれを実現すべき千載の好機を逸してはならないと考えた。これは、人種的な偏見とか、持たざる国の立場とかからして、感情的にはうなづ《ママ》けるところのものをもっていた。しかし、夢を追うて現実を忘れ、理性を失ったために誇大妄想に陥ってしまった。情勢判断の眼は、希望的思考でくもらされた。

又、フレクシビリティということが大切であるという意味にも考えられよう。ソ連を日独伊三国側に抱き込むという夢が独ソ開戦によって破れた以上、これを前提とした外交政策は、一切御破算とすべきであった。日独伊三国条約を御破算にしていたら、日米交渉にも本気にかかれたであろう。しかし、満洲事変以来の日本外交は、動脈硬化症にかかっていた。行懸りにこだわることの禁物なゆえんである。もっとも、このことは、国家としての言動の一貫性を無用とするわけではない。国際社会の通念として認ら《ママ》れている程度の道義性は、国際信用をかちうる上に絶対必要なものである。国際連盟その他で言明したことがその後事実の上で覆されたことがいかに日本の対外信用を傷つけたかを思い出す。

さらに、現実的ということは、形式主義を排するという意味にも考えられよう。何でもすぐ議定書や条約の形にし、宣言を出したりしたがった傾きがある。前に挙げたいろいろな条約を締結して、目先の利益だけでも日本にもたらしたものがあっただろうか。ただ、われとわが手をしばる結果におちいっただけではないか。一体、政治的な意味合いの条約等は、それ自身としては余り意味のないものである。客観情勢が変ってしまえば、少くとも実質上、一片の反古にされる。程度の差こそあれ、これは、何もソ連を相手とする条約に限ったことではない。米英仏等には、ディーセントなところがあるが、結局それだけのことである。日ソ中立条約などは、いよいよとなったら、ソ連の方から真剣に提議して来たであろう。北樺太の買収位は、お土産につけたかも知れない。よい意味の実利主義をとるべきゆえんである。

実利主義ということからいえば、戦争をすることは、いつの場合でも損になるに決っている。少くとも、現代においてはそうである。まして、国力不相応の戦争を自らはじめるにおいてをやだ。およそ重要な政策を決定するについては、何等かのチャンスをとるということは附きものであろう。チャンスをとる勇気がなかったら、外交上でも、本当の成功はつかめないともいえよう。しかし、そのチャンスはあくまで現実的に合理性のあるチャンスでなければならない。かりに、あの際日本が隠忍自重して、戦争に入っていなかったと仮定したら、どうだろうか。戦争を前提とするからこそ、石油も足りない、屑鉄も足りない、ジリ貧だということになる。戦争さえしなければ、生きて行くに不足はなかったはずである。又、米国は、早晩欧州戦争に介入すべき運命にあったとすれば、その後だったら、日米交渉もできたかも知れない（もっとも、それも、日本が戦争は絶対しないという建前で行っての話であるが）。この点については、そうしていたら、日本は、戦争終了後において国際的な孤立に陥り、ひどい目にあったであろうという論もありうるだろう。しかし、スペインの如きは、現に米英側からだんだん接近して行っている。ソ連という国際関係におけるパブリック・エネミー・ナンバー・ワンが現れたからである。日本の場合にも、そうなりえなかったという理由はない。いずれにせよ、この方のチャンスがより合理的であったことは確かである。

外交については、よく見透しのきくことの重要性が指摘される。しかし、実際問題として、そう先々のことまで一々具体的に見透せるものではなかろう。要は、現実を現実的に把握し、これによって身の処し方を決めるということが、結果において見透しがよかったということになるのであろう。物事を現実的、具体的に考えれば、米英の経済力、国力も正当に評価しえたであろう。そうすれば、独伊と結んで日本独自の経済圏をつくりだそうというようなことは、現実性のない夢に過ぎないことも、明らかだったはずである。

（八）いたずらに焦ることも禁物であるが、機会をつかむには敏でなければならない。太平洋戦争前に外交的転換をとげる機会を逸し、ソ連の参戦前に終戦の機会を逸したこと等は、反対の例である。外交的に一大転換をしなければならない、できるだけ早く終戦にもって行かなければならないと常に念じていたとしたら、もっとこれらの機会を政治的に利用する道があったはずである。もっとも、これは、分かっていてやり切れなかったのかも知れない。

（二）そこで最後に、決断力と実行力の重要性ということになる。行懸りにとらわれていたら、見切りをつけるべきところで見切りをつけそこなう。そして、ますます深味《ママ》に入って行く。満洲事変以来の日本の行き方がそうであり、又、外務省の身の処し方がやはりそうだった。

当時の日本においては、軍の権力が圧倒的に強かったという特異の事情があったことは認めなければならない。しかし、それも程度の問題で、それだけでは、すまされない。一国の外交の衝に当る者には、常に果断と真の勇気の必要なことは、いつの世でも同じであろう。世間的には不景気で評判の悪いようなことでも、あえて責をとって行う気がいの必要なことは、日露の講和の例にも明かである。

外務大臣がやめる腹さえ決めたら、もっと何とかなっただろう、少くとも一時的にもせよ事態の進行を喰い止めえたであろうと思われる場合が少くない。それでも結局は大勢を如何ともできなかったであろうということは、当事者の弁解として成立たない。当時の内閣制度の下においては、一人の大臣ががんばれば、内閣の総辞職を余儀なくせしめることができたのである。重大事に当っては、何でも彼でも穏便におさめるという必要はない。

付録1　「日本外交の過誤」に関連する諸先輩の談話及び省員の批評

「日本外交の過誤」に関連する諸先輩の談話及び省員の批評（日附順）

一、堀田〔正昭〕大使
二、有田〔八郎〕大臣
三、重光〔葵〕大臣
四、佐藤〔尚武〕大使
五、林〔久治郎〕大使
六、芳沢〔謙吉〕大使
七、省員の批評

＊編集部注　本史料再現の方針は「日本外交の過誤」のそれに倣う。なお原史料における見出し体裁の不揃いを統一的体裁に修正し、また、見やすいように小見出しを太字で表記した。本書著者による注は＊印にて段落末に配置した。

「日本外交の過誤」に関する堀田大使の所見（談話要旨）
（昭和二十六年四月二十三日――　藤崎〔万里〕記）

これに書いてあることは大体尤もであると思うが、外務省には資料もあることだから、これを使ってもっと具体的に記述することとしてはどうか。例えば、支那事変の勃発についての責任は、天津の方よりは関東軍にあった。当時近く外務大臣になることになっていた有田は、北支から満洲を廻ったが、参謀が有田に対し外交政策の方針を授けるようなことをしている。これに関する資料は、外務省にあるはずだ。

○ロンドン海軍条約

日本外交の過誤を反省して見る場合には、矢張り昭和五年（一九三〇年）・ロンドン海軍条約のときまでさかのぼって見る必要がある。この条約が出来たこと自体は、勿論過誤ではない。日本よりも国力の大きな英米の海軍保有量を制限したことは、日本にとって非常に有利なことであった。枢密院で石井顧問官が、「海軍はこの条約の下では国防上不安ありという。しかし、現に自分がジュネーブの会議に行ったときもらった訓令の趣旨は今度の条約で達せられている。そしてその後、日本に対する危険を増大せしめるような国際情勢の変動は起きていないではないか。」と質問した。これに対して、海軍の方では、「次の会議のときの都合もあるから満足だというわけには行かないのだ」と説明したように記憶する。ともかく、この海軍条約のときが外交というものがやれた最後であったと思う。それが出来たのも、結局相手が割合に温和しい海軍であったからだ。

このように、条約が出来たこと自体はよかったのだが、ただここから将来に対して悪い影響を及ぼしたことが二、三ある。第一は例の統帥権問題である。軍令部総長の加藤の帷幄上奏の問題*に関連してである。当時浜口首相は、枢密院で理論的に明快に反駁している。即ち、「大権は一つにして不可分のものである。従って一つの大権が他の大権を犯すというようなことはあり得ないことだ。大権干犯といっているのは、要するに大権の下にある各部間の管掌事項に関する権限争いにすぎない」といっている。しかし、実際にはこの問題をここまで徹底して解決しなかった。即ち、浜口首相は、議会辺りでは、「本件は外交の問題だから政府が独自に決定した」とは云わないで「事実上海軍との意見の一致は出来た」と説明している。そこで統帥権の独立ということは、理論としては勝ったような形になっている。このことがあって間もなく海軍の内部で申合せが出来て、「この種の問題については、軍と軍政の意見の一致がなければならない」ということが定められた。これによれば、軍令系統のことも軍政系統と相談しないで勝手なことをやることは出来なくなるわけであるが、実際は、軍令が承知しないと政府は何も決定できないという効果の方が出て来たわけである。

＊ 加藤軍令部総長の帷幄上奏の問題　一九三〇年、ロンドン海軍軍縮条約への加入をめぐって、当時海軍の軍令部長であった加藤は、条約への加入に反対し、帷幄ないし統帥の権利を補佐する者として、直接天皇に働きかけ、加入を阻止しようとした。結局政府は条約に加入したが、政府は、天皇の統帥権を犯したとする議論が国会、軍内で起こされ、大きな政治問題となった。

こうしてこの日本外交の過誤の背景をなす軍部の横暴の発端がここに開かれた。そしてこれに政党がついて来た。原田日記にも出て来るが、政友会は民政党内閣を海軍問題で落とそうとかかった。枢密院は、事実、政府に屈したわけだが、枢密院が否決するものと思い、その期日をねらって党大会を開いて気勢を上げたりしている。当時政友会の方では、宮中の側近が陰謀をやったと宣伝した。加藤軍令部総長が帷幄上奏を申込んで来たとき、鈴木侍従長は当日の閣［拝］議後総理が上奏したい旨前もって申出でて来ていたので、総理の閲見［謁］を先にした。こうして結局加藤の方が帷幄上奏の機会を逸したわけであるが、加藤の方は鈴木侍従長から待って貰いたいと云われたとき直ちに上奏したいということを固執もしなかったのである。

政友会は元々側近に不満を持っていた。これは田中内閣時代の張作霖の爆死事件にさかのぼる。当時田中は陸軍の責任者を厳罰に処する方針でそのことを陛下に申上げてしまった。ところがこの方針が実行出来なかった。事件後一年もたってから河本大佐等を附属地の警備不十分というような理由で懲戒したに止った。これを田中総理が陛下に処罰致しましたと報告したときに、陛下はその場では何ともいわれなかったが、後で侍従長に総理の言っていることは違うといわれた。それを聞いて田中が弁明のために奏上したい旨を申出でたところ陛下はその弁明を聞く要なしといわれた。これは、も早信任がないと受けとる外ない。侍従長がこれを総理に伝えたので、田中首相はすぐ辞職したわけである。その時分から政友会は君側の奸というようなことをいっていた。

もう一つの悪い結果は海軍の青年将校で陸軍の青年将校と一緒になって騒ぐ奴が出て来たことである。

外交の誤ち［り］を犯させるに至った根本の原因は軍部が外交に口を入れるようになったことである。これは絶対にさせてはならない。

○満洲事変

満洲事変の直接原因は中村大尉事件と満宝山事件である。満宝山事件の方は、石射も知っているが、愚にもつかぬ事件である。中村大尉は農業技師とかの触れこみでスパイとして入って行ったのだから、こっちが悪いのである。しかも問題は林奉天総領事の手で決定［解決］に近ず《ママ》いていた。軍は問題の解決を懼れて事を上げたのだ。鉄道爆破は嘘だった。リットン調査団に爆破後汽車がそこを通過していることを指摘されて軍が慌てたことがある。

外務省としては手が出なかった。一体、その後ずっと外務省が軍を押さえきれなかった根本原因は、軍が満洲、北支にいたからである。出先で事を起こすことが出来たからである。

満洲事変について、「当時の外務当局に事変前の内外情勢の行きずまりを打開しようというような積極性が乏しく」とあるが、自分は少数説の方だろうが、これは間違いと思う。積極性ということの中味はどんなものか。例えば中国に対して税関の接収をやるというような他の手を打って行くことだろう。結局軍が大きく出ようとするのを他の方向に小さく出て引きとめるというにすぎない。しかし、これは、結局軍にひきずられる結果になってしまうので積極性ということは危ない。悪いことは悪いのだから、これにはただ反対しておればよい。

○国際連盟脱退

国際連盟を脱退した理由は、結局判らない。当時の代表国に石原とか土屋とか若い軍人が来ていて脱退したら歓迎されるというようなことをいっていた。しかし、斎藤首相も脱退の腹はなかったはずだ。どこから脱退論が頭を抬げて来たか判らないが、一体に極端論というものは、馬鹿にして油断しているといつのまにか勢を得るもので、こわい。

満洲問題に国際連盟が介入することを嫌ったのは日本の第三国の仲介を嫌うというトラディションにもよるのであろう。この伝統は、例の永代借地問題で仲裁々判に負けたことあたりから来ている。

スチムソン主義を批難しているがスチムソンは悪くない。

時の外務省情報部長白鳥がスエーデン公使になって来たときに話をしたことがある。白鳥は満洲事変は罪悪だ。将来これをつぐなわねばならないといった。又自分が「国際連盟の方で折角話が進んでおるところに君が乱暴な声明をするので打ちこわしになったことがあったが、どうしたわけか」と聞いたら、「話が成立したら外務省は大変な責任を負わされることになる。何となれば、軍は絶対にこれを実行しないからだ。だから話をこわした」といっていた。イギリス辺りからは妥協案を出して連盟規約、第十五条第三項で行ったらどうかと示唆して来たこともあったが、第四項でよろしいと答えてしまっている。この白鳥式の考え方は将来有田のやることに出て来る。

例の出兵問題については若槻首相が金を出すことに同意したから、ウヤムヤになってしまったが、陸軍刑法で行けば林は死刑になるべきものであった。

○軍縮会議脱退

日本が軍縮会議から脱退した理由も、結局よく判らない。原田日記にも出て来るが、陛下はこの点について広田外相に御下問になっている。当時の海軍大臣大角は利口な人で、岡田さんも話の判る人だった。しかし、海軍の人というものは、すべて何といっても軍艦が好きだ。だから軍艦をふやすことには、いつも賛成の方に傾く。大角が岡田を説きつけて段々脱退の方向にもって行ったらしい。

大使の斎藤は、向う意気の強い男だったが、日本として平等を主張できると真面目にいっていた。その理論的根拠は判らない。

この軍縮が出来ていたら、日本はアメリカと喧嘩するようにはならなかっただろう。アメリカで早くから対日戦争を決意していたのは、海軍であって対日作戦準備に全力を挙げていた。一体軍縮条約というものは、非常な政治条約であるが、外務省の人もそういうことを考えていた形跡がない。太平洋戦争の一番の起源はここにある。アメリカは、最近の状況でも判るように、大きな軍備を長く維持出来る国ではない。軍縮条約が出来たら、軍艦を作らないような国である。条約をこわしたから、軍備を拡充して来たのだ。そして、どこの国の軍人でも、軍備が出来ると戦争をしたくなる。アメリカ海軍は非常に排日になっていた（自分がローマにいた時分、アメリカのローマ駐在大使のフィリップが南京における日本軍の残虐事件に関するパンフレットを示したが、同大使は、このパンフレットは当時伊太利にやって来たあるアメリカ軍艦の艦長から貰ったといっていた）

日本が脱退した理由については、当時日本は、戦艦武蔵、大和という条約違反の艦を作っていたが、これが欲しくてのことのようにも見える。ともかくこの条約が、出来ていれば、あとのジリ貧論は起り得ないわけである。

○日独防共協定締結

外務省としての弁明は、一応成立つと思う。やはりロシアが恐かったのだ。少し変に聞えるかも知れないが、これで軍の北進論を鎮圧したいという気持も一方にあった。逆に、又これでロシアを相手にしてしまって、支那とは仲直りしようとする考え方もあった。これは皇道派の石原などの線につながる。いずれにしても、日本は当時孤立していた。ある時期には、エチオピアを非常な親日国に見たてたりしていた程だ。こういう状況から脱却しようとする一つのあがきとも見られよう。

この協定の話はベルリンにいた大島陸軍武官から初まったのだが、もうこうなったら外交は駄目である。

イギリスを防共協定に引き入れることについては当時としては考え得たことである。有田は真面目にイギリスを入れることを考えていた。ドイツもイギリスに話をつけようとして、リッペンがわざわざ大使になって行ったりしている。英伊協定は殆ど出来そうになった位だ。しかし、これらの対英アプローチは何れも失敗におわった。日本の場合については、英国に容れられるような案は陸軍が蹴ったから。

イタリアの防共協定参加について。当時日本は、イタリアに対して不信の念をもっていた。しかし、イタリアの方は、支那事変でも日本に対して非常によかった。自分が大使として着任したときも大歓迎した位だ。初め日本としては日伊両国間で軽い援助条約式のものをつくるつもりだったが、リッペンが伯林に帰って来てこれを聞き防共協定加入という方式によるべきだと主張して、これが通ったわけである。一体独伊の枢軸というものは、それからあとで出来たのだ。結果から見れば当初余りよくなかった独伊の間を日本が仲介したような形である。

○支那事変

蘆《マ》溝《マ》橋事件なるものは日本側から起したものであろうと思うが、真相は満洲事変のときほどはっきりしない。事件の発端となった、かどわかされた兵隊というのは、結局出て来たらしいが先方に捕っていたのかどうか、うやむやになっている。

梅津何応欽協定は、実に乱暴なものだが梅津のいないうちに酒井がつくったのだ。この頃には、何でも軍の手で事を解決するという行き方が一時出て来た。いわば外交の終焉である。北支に独立の政権のようなものをつくったが、これは今の言葉で言えば真空状態をつくったわけで、これを密貿易の中心地とするというような悪いことをした。

華北五省分治工作というようなものも、少し説明したらどうか。国交調整交渉の失敗についても、日本が支那に対して出した要求を挙げてこれを批判したらどうか。北支において日本と協力するための特別の政権をつくるとか、北支を緩衝地帯にするとか、中国側で出来ないことばかり要求している。

内地師団派遣の問題について。これは参謀本部（石原）もやりたくなかったのだ。石射のところへ反対してくれと頼みに来ている。ところが陸軍省の方は、この辺で一つ支那をなぐらなければならないと思っていた。一部の文官もこれにのった。広田は南と気脈を通じていた。満洲事変の失敗に鑑みこちらで軍よりも積極的に行かうというような考え方だった。なおこの事件直前自分は北京で田代将軍にあったが彼は自分の目の黒いうちは絶対に事を起させないといっていた。事件の起ったのは彼の死んだあとになっている。

いろいろな対支政策のうちでは、汪兆銘政権工作をもっと真面目にやればよかったと思う。重慶工作の方は中味のあるようなものはちっともない。

○日独伊三国条約締結

有田は陸軍の実力者である課長級を抱き込もうとした。こちらから官邸に呼んだこともある。しかし、陸軍の方にも影佐というような男もあり結果は逆になっている。そこで当時の欧亜局長の井上は、やめるといって急に三谷の条約局の方が主管になったというようなこともある。

元来事の起りは、後に軍務局長になった笠原がドイツから案をもって来て、それを親類の宇垣の所へ出し、宇垣が外務省に持って来て、事務当局に審査させたいうような経緯になっている。

有田は、この条約についてあくまで防共協定の線で行くということを主張したが、その意味は、相手はロシアだけだということである。ところがドイツの方は、イギリスが相手なのだ。一体、大島や白島は、政府のいうことを聞かないことが度々あった。そこで総理から、今度出先がいうことを聞かなかったら免職しますということを陛下に申上げた。陛下は、内閣が変るたびにグラグラしたからであろうが、書いたものにしてよこせといわれ、おかしな話だが、そういう一札が出ている。ところで、大島や白鳥は、先方からイギリスと戦争する場合に日本がこの条約によって参戦するかときかれて、然りと答えた。政府から訓令違反を難詰されたら、訓令を熟読玩味してそういう風に受けとったと返電している。有田は、この時やめようとしたのを慰撫された。海軍の山本次官は、悪い方がやめるべきで正しいものがやめる手はないと主張したこともある。しかし、大島や白鳥はやめさせられなかった。訓令違反の出先をやめさせるという方針は、実行されなかったわけだ。この書きものの最後に書いてある辞職論とは逆のケイスだ。大臣が辞職するだけでは、どうにもならない場合が多い。

○日ソ中立条約

松岡外相の渡欧の往路の際は、ソ連が中立条約の締結を肯じないで、その帰路に態度を豹変したのは、その間にドイツがソ連を攻撃するという情報が入ったからである。これは、例のゾルゲの裁判で明かになったことだ。ゾルゲは日本の陸軍から聞いてロシアにこの情報を送った。日本の陸軍には、シャムにいた日本陸軍武官がドイツ武官から聞いた情報が入っていたのである。

○仏印進駐、蘭印交渉

これについてはもっと具体的な記録を入れて欲しい。南部仏印進駐については、有田が近衛に手紙を出している。

○日米交渉

野村大使に与えた訓令は日本と汪政権との取極を蒋介石に認めさせるという線でアメリカの仲介を認めること、その他アメリカの聴き得ないことばかりであった。こういう所もも《ママ》少し詳しく説明してはどうか。アメリカが相手になったのは結局時を稼ぐという方針からであろう。近衛首相がローズベルトと会談しようとしたのも何も腹案があったわけではない。こんなことは、やってはならないことだ。日米交渉はやってよかったと思う。陸軍も最初は妥結を欲していた。アメリカが容れられないような条件を並べたからいけなかったのである。

アメリカと戦争しようなどとは、そんなことをいうものはいたが、とうてい考えられなかった。われわれの想像力以上のことだった。

○開戦外交

真珠湾攻撃と最後通牒の時間の関係についてだが、始め攻撃の一時間前に手渡すことになっていたのを、あとで軍令部の伊藤次官等が東郷に頼んで三十分に値切ったということがある。しかし、その後自分が当時軍令部の課長をしていたような連中に聞くところによれば、「これは誠に不可解な話だ。というのは開戦することは、敵に判ってもよいので、ただハワイを攻撃することが判っては困る。ところが一時というようなことを指定すると、空襲というものは、大抵払暁に行われるので、ハワイを攻撃することが判ってしまう」というのだ。現に開戦は八日の午前零時からということで御裁可になっている。［追い込み指示の校正記号あり］

南方方面では真珠湾攻撃前に一部戦闘を開始している。イギリスに最後通牒を出さなかったことも一つの手落であろう。

○終戦外交

ソ連を通じたことには弁明の余地ありと思う。当時は、軍部を納得させ得るということが、非常に大きかったのである。

しかし、ポツダム宣言が出た後もなおロシアの返事を待ったのはわけが判らぬ。ポツダムの会議にはロシアも出ていたのであるから、米英は当然日本の和平申出をロシアから聞いて知っていたわけでロシアから返事が来る筈がなかったのである。

「日本外交の過誤」に関する有田大臣の所見（談話要旨）

（昭和二十六年四月二十五日―― 藤崎記）

こういう研究をするのは、結構なことだ。これとは趣旨が違うかも知れないが、自分も、かねがね、研修所あたりで首席事務官位のところの者を集めて、陸海軍大学辺りでやっていたように、近代日本外交の主な事件を取り上げて関係のドキュメントを捕えてこれの批判をやらせるようなことをしたらいいのではないかと思っていた。これは、若い者の将来のためになるのみならず、記録の保存ということに役立つ。研究するには記録を探さなければならない。それによって記録が整備されることになる。従来外務省では人手が足りないために一つの事件がすむとすぐ次の事件に移って行くという風でその間に記録を整理するといういとまもなかったような状況であり、又電話などで話が定って書きものに残っていないということもよくある。こういう欠陥を補って行くために、その事件にたずさわった人にも来て貰ったりして、チャンとした記録にしておくことが望ましいわけだが、自分の時代には結局実現出来なかった。

もっとも批判するといっても、それがオフイシャルなものになっては面白くない。時代が違って来ると所見を異にして来る場合もあるし、外務省の意見として定めてしまうということではなしに、関係者の署名でやることにした方がいいだろう。

○（「日本の外交も日露の講和の頃まではよかった。それ以後悪くなって行った。だから日本外交の過誤を反省する場合には、日露講和後の頃まで遡らなくてはいけない」という意見もあるが如何との質問に対し）

日露の頃は局面が小さかった。事件は種々あったが、内容も簡単であれば、世界的な関連も少かった。陸海軍もそれ程口を出さなかった。第一次大戦後になって大分様子が変って来た。その以前からも東洋人排斥ということが行われ、これが日本に強く影響した。又大戦中の二十一カ条問題は、支那に非常に影響し、排日、排日貨を引き起した。それで支那を避けて印度や南洋の方へ進出して行くほかなくなった。ところが、又、各国の経済関係が難かしくなって来て、英国の方ではオタワ協定というようなものが出来たりした。こうして日本人も日本の物も各方面から排斥された。又日本人は九カ国条約で縛られたような感じを持って来た。こういうことが日本の行動に影響を及ぼしたのである。

○満洲事変

満鉄の並行線問題にしてもいくらこちらから抗議しても効がなかった。陸軍の阿部事務局長、松井参謀本部第二部長（後に建川に替る）などと殆んど毎週のように外務省で評議を重ねてもいい案が出て来ない。その間張作霖の鉄道の方は段々よくなって来た。こちらの目的を達成するためには結局実力を持って奉天で向うの線をたち切る外はないということだった。（もっとも、仙石さんの如きは、並行線などは気にする必要はないといっていた。）建川は「幣原大臣では仕様がないなあ」というようなこともいっていた。

当時の支那はいわゆる革命外交であって日本と協調していく空気ではなかった。田中総理兼外務大臣は武断政策をとったと思われているが自分は必ずしもそうは思わない。彼は支那の本部の方は蒋介石にやらせ、満洲の方は張作霖にやらせる。自分はこれを両手にもって操縦して行くというような考え方であった。だから張作霖が爆殺されたのは掌中の珠の一つをとられたようなものだった。若槻内閣になってから、満鉄包囲政策を止めさせるのに満鉄を使ったらどうかということでそのために木村鋭市を満鉄に送り込んだりしたが、結局ものにならなかった。満洲は手のつけられないような状況だったわけである。支那の排日を止めさせる政策が出来ればよかったが、手が届かなかったわけだ。

自分の亜細亜局長時代の吉田次官などは、外国が協調しないから支那がのさばって来る。イギリスと手を結んで支那を押えるべきだという考えをもっていた。自分はその実現性がないと思って反対であった。しかし、吉田次官はケロッグブリアン協定の会議に代表として巴里へ行った内田さんにこのことについて英と話をするように訓令を与えた。ロンドンではこれに余り乗気を示さず、北京の現地でいかなる問題が協調してやれるかをお互いに研究して見ようというようなことでお流れになってしまった。

外交が旨く行かなかったことについては、度々手が変ったことにも原因がある。そのため切れ切れの外交になり、あとから見ると思いつきの外交になってしまった。余り適切な例ではないかも知れないが、幣原さんの対支政策のようなものも少し続いていたらよかった。九カ国条約締結後北京で関税会議と法権会議が開かれた。後の方は結論が出たが、前者の方は支那の内政の関係から途中でおしまいになっておる。幣原さんは、支那の関税自主権回復について、彼には似合わない話だが、英米を出し抜いて賛成してしまった。支那と結んで行かなければならないとの考え方からであった。英米はこれに引きずられた。そのうち戦乱でお流れになったがこのときの日支提携の気風が続けられればよかった。もっとも、そうして行って支那が強大になってもよいのか、それでは日本としてやはり困るのか、というところまで突きつめて、はっきり考えられてはいなかった。

満洲事変の勃発について、軍の出先と中央に事前の了解があったとは思わない。建川位は、出先の計画を知っていたかも知れない。

○**防共協定**

枢密院の委員会で石井顧問官が「自分は日英同盟締結の際命を受けて英国はそれまで同盟を裏切るようなことがあったかを調べさせられた。そして調査の結果英国のレコードはきれいであると報告したことがある。一体今度の相手の独逸は信を置けるか」と聞かれた。自分は信用がないともいわれないからヒットラーは裏切ることをしないと思うと答えておいた。

自分は、亜細亜局長時代から中国共産党の動きには、注意していた。欧州に出て行ってからも、研究をしたいと心掛けてはいた。白鳥は、スウェーデンから、「ソ連を早くたたかなければいけない、それについては、支那の問題は早く解決し、英米とも協調しなければいけない」という趣旨の意見書をよこした。自分は、すぐたたくというのは過激だが、何か手を打つ必要があるとは思っていた。それが防共協定の形になったわけだが、最初のドイツ案は、あまり宣伝的で、ソ連を載刺［刺戟］するおそれがあるので、その点の修正を求めた。

極東裁判で、初めて、防共協定については、その前年あたりから、フックスというドイツ人などと大島の間に話があったことを知った。

○**東亜新秩序**

自分のやったことで防共協定の他に批判の対象となるべきものが一つある。東亜新秩序ということだ。自分はオーストリヤにいるとき、汎ヨーロッパ主義を唱えていた。クーデンホーフを知った。この東亜新秩序ということを彼の口を藉りていわしたらと思って、日本に来て帰えりはアメリカを通って講演でもして呉れないかといった。初めはそういう気がないでもないようだったが、あとで手紙を出したら断って来た。

今でもこの広域圏ともいうべき考え方は間違っていないと思う。ただ軍は一旦目標を与えるとそれに猛進する。防共協定の場合も単なる一布石と考えてやったことだが軍はすぐこれに猛進してしまった。東亜新秩序の考え方は、それに加えられた悪い所を除けば未だ生命があると考えている。新秩序という言葉には、東亜の植民地的状態からの脱却という意味も含まれている。

○有田クレーギー会談

支那事変勃発以後支那の各地で日本人による排英運動が盛んに行われた。軍はイギリスを支那、アジアから追い出したいという気持だった。当時東京でクレーギー大使と会談を行った際には、イギリスは当方の持ち出した原則の点は皆きいた。先方としては、条件としてではないが、日本の主張をきく代りに排英は止めて貰いたいという気持だった。ところが加藤外松が愈々細目協定の交渉に入るとイギリスの態度は硬化して来た。これにはアメリカの制肘もあったろう。しかし、支那各地の排英はその後も止まらなかったのだから、どうにもならない。当時の軍の出先は全く不随意筋のようなもので軍の中央もこれを動かせなかった。

○三国同盟問題

平沼内閣は三国同盟に反対であった。独逸の方ではこれを待ちあぐんで遂にソ連と結んだ。平沼さんは複雑怪奇とかいう声明で外交上の理由を挙げたが、自分は「この声明は外務大臣として困る。われわれは三国同盟に反対して来たからこそ、独逸の正体が現われ、その信用出来ないことが明かになったのである。これは外交の失敗と思わない。従って外交上の理由で止めることには賛成出来ない」と平沼さんに云った。これに対して平沼さんは「日独提携を基本としてやって行くと陛下に申上げていた責任をとる」といった

の両者間の関係は違う。日本が中立宣言をするとすれば、アメリカはこれに保障を与えるかも知れないが、ソ連中共は、保障しないかも知れない。しかし、それでも構わないのである。ソ連が侵略して来たら、アメリカがやるということならそれでよい。こういう考えを自分が前に発表したのは、一昨年の暮頃、対日講和の問題について国務、国防両省間の意見の対立が伝えられた。国務省の方は、沖縄や小笠原だけ押えておれば、日本内地からは兵をひいてもよいというのに対して国防省が反対しているということだった。この間の調整を計る一案として考えて見たわけである。永世中立の観念の如きは、何も昔の例にとらわれる必要はない。時勢の変化によって内容を変えて行けばよい。固定したものでもなければ、固定さすべきものでもないと思う。

自分は、再武装ということについては、軍国主義の再建を恐れる。日本の民主化などについてマッカーサー元帥のいっていることは賞めすぎで、日本の変化は、ほんの薄皮だけであると思う。又一旦ああいう憲法を造った以上、そう易々と変えるべきではない。フレクシビリティもよいが、方針を立てた以上出来るだけそれを貫いて行くべきであると思う。従って条約なども軽々しく結ぶべきでないのであって、軽々しく結ぶからすぐあとで困ったりするようなことになるのである。

「日本外交の過誤」に関連する有田大臣の所見（第二）

（昭和二十六年六月五日――　藤崎記）

○第三次世界大戦は起らないであろうと考える理由は、結局ソ連は今日まで力を用いないで勢力を拡張することに成功して来ているから、今後もそれでやって行こうとするだろう、この際世界戦争というような大冒険をする必要を認めていないであろう、ということにある。これに対して西欧側の方も戦争しようという所まで結束が出来ていない。ベルリン封鎖の時もアメリカのマーシャルが武装トラック隊で封鎖線を強行突破しようと提案したのに対して英仏が反対したため出来なかった。

○中共が朝鮮動乱に介入して来、又現在伝えられているような大損害を蒙りながらも、これを継続している理由は、判断に苦しむ。中国自身として見れば、損な話のように思う。結局、伝えられるように、中共の内部に国際派と民族派という両派の対立があり、そして現在は国際派が勢力を占めていて、これがソ連の思う通りに中国を引っ張って行っているということだろうか。

○中共政権が内部からくつがえされるとか、あるいはソ連から離れるということは近い将来には実現出来ないことではないかと思う。中国人の性格というようなことから、共産主義などというものは仲々中国に根を下ろすことは出来ない、というような見方をするものもあるが、私は、民族の特異性というようなものは絶対的なものではないと思う。支那は違うというが、一度大衆の力を知った者が一致団結してやれば、思う通りになる。そういうわけで、中共のチトー化の可能性ということには、疑を持っておる。中共治下の中国は、仲々秩序整然としているという話を聞く。

○中共政府の承認という問題については、中共が現に国土を支配しているという事実は、否定出来ないことだから、承認するとかしないとかの問題ではないと思う。

○広域圏というような考え方については、現在のところ、色々の障碍があることは事実だ。中国は共産化してしまっておるし、フィリピンの対日感情は悪い。しかし、経済面からいって、一拠に世界的にフリー・トレイドになるということは、考えられないので、やはり、地理的に近い関係にある国の間では、出来るだけ密接な関係を作るようにして行くべきであろう。政治上でも、インドとか、インドネシヤとかいうような国々とは、出来るだけ密接な関係を保って行くようにすべきであろう。とはいっても、アメリカとの関係が、まず、大切なことはいうまでもない。とにかく、偏してしまうことは出来るだけ避けなければならない。又あるアイディアがそのままでは具合が悪くなったからといって、すぐこれを捨てるのは早計であって、色々障碍が出て来たら、なんとかこれを突破する工夫はないかということで、一歩々々段階的に修正する案を研究してみる必要がある。

○再軍備の問題についても、新憲法の行き方が現実の事態に適用困難になったからといって、すぐこれを改正しようとするような考え方はとらない。出来るなら憲法を改正しないで、その許す範囲内で、例えば警察予備隊の増強等のやり方を研究して見てしかるべきではなかろうか。再軍備するとなると、最初は小規模のものでよいということであっても、五年、十年経つと、それでは足りないということになり、大掛りのものに発展する可能性がある。第三次世界大戦を回避するために民主陣営の武力を増強しなければならない、それには日本としても出来るだけ協力すべきである、ということも考えられるが、何も日本がいわゆる蟷螂の斧をたてなくても、アメリカは勝つと思うし、予備隊の増強程度で勘弁して貰えたら、それが一番いいと思う。

○ソ連が日本に対して侵攻する可能性についてのマッカーサー元帥のアメリカ上院における証言は、私がかねがね考えていたところと同じである。マッカーサー元帥は「アメリカの海空軍は日本周辺において優勢を保持しているから、ソ連が日本に侵攻する可能性はない。例えば、北海道の一部に一時的にブリッヂヘッドを作ることは出来るだろうが、全体を制圧出来なければそんなことをやっても意味がない」というような趣旨であった。

○マッカーサー元帥が、その証言の中で、日本国民には勝者にこびへつらう性癖があるといったそうだが、どうも癇にさわるけれどもそういわれても仕方がないかも知れない。講和の問題にしても、ドイツの場合とは事情が違うわけであるし、又政府の考え方は色々な材料を出すことによってアメリカの方に反映させてはあるのだろうけれども、国民の気持の現わし方が消極的ではないか。それでアメリカの方でも可愛い奴だということで結局得しているかも知れないが。私は、一年位前に、新聞社の幹部連に「政府としては、国会あたりであまりはっきりしたことはいえない。議員の質問の方は、何でも率直にいえるわけだから、新聞なども、答弁の方ばかり載せないで、質問を詳しく報道すべきではないか」といったことがある。その時は、そうかということで、その後一回か二回位、紙面の上に変化が見られたが、すぐ又旧態に復したようだ。

○日本の安全のためには、どうしてもアメリカの力によらねばならないという結論に達したならば、そのための日米間の協定は、期間を長くした方がよいと思う。アメリカの政権が変って政策にも変化が起り、日本から退いてしまうというようなことのないように縛っておいた方がよい。

「日本外交の過誤」に関連する重光大臣の所見

(昭和二十六年四月三十日―― 藤崎記)

外務省の過去二十年のことについて自己批判をやるというのは、仲々《ママ》困難なことである。大学教授が教壇からやる調子なら何の苦もない話だが、机上の空論では外交の参考にはならぬ。その時々の当事者は、真剣に血みどろの闘いをして来たのだから、これをいやしくも真剣に批評するとなると容易に結論は出ない。自分一個の批評は出来よう自分もこれを企てている。しかし外務省の結論を簡単に出して将来の外交官に対してバインディングなものにすることはどうか。どこの国の外務省もそんなことをやったものはあるまい。これがいけなかった、あれがいけなかったということよりも、事実を正確公平に記述することが一番結構なことと思う。

だから、自分のやった仕事についてその事実を話すことにする。自分としては、すべて真剣にやった。大事な電報は自分で起案した。それ位でなければ、外交など出来るものではない。チャーチルのメモアールを見ても判るだろう。

事実をはっきりさせることの大切な一例証として、日米交渉に対する松岡の役割が世間に誤解されていることを挙げることが出来る。自分がイギリスから帰えったのは一九四一年七月だが、その時ワシントンに立寄って初めて日米交渉があることを知った。ワシントンでは野村大使から相談を受けて、自分もこの交渉はどうしても成立させなければならないことを力説した。東京に帰ったら松岡とさしちがえてでも彼を説得するつもりであったが、その時はすでに、外務大臣は変っていた。一体、世間では一般に「松岡は怪しからん奴だ。ドイツに行って言質をとられた。日米交渉には反対だった。戦争になったのも彼のアンビションから来た結果だ」と思われている。木戸もその一人だ。しかし、自分は、あれだけの男がどうしてそんな見当違いをするか解せなかったし、又彼の欧州旅行に解らない点があったから、色々分析して見た結果、前記の世間の結論に誤りありと判断した。松岡の考えの基礎は間違っていたかも知れないが、政策の一貫していたことが明かになった。松岡には大責任があるが、狂っていたわけではない。ところが、一般に少ない材料でものを書いているから、皆間違うことになる。特に近衛さんの側から見た書きものなどそうである。政策について批評するならよいが、事実を全部持ち出していないところにおいて公平でないと思った。勿論自分は松岡のやったことを是認するわけではない。

○対支新政策

この書きものには余り書いていないが、対支新政策は非常に重要な意義のあるものだ。自分は、大東亜戦争の勃発に際し「こんな大戦争になったことだから、軍も支那をもてあますにきまっている。これは支那事変以来の対支外交をひっくり返す機会が来た」と思った。そこで南京から東京に帰るたびに、これを力説した。特に宮中の関係を重視していたので、内大臣に説き、又御進講という形で陛下にも申上げたところ、陛下は非常に共鳴された。東条は陛下の思召しは飽くまで自分がやるという風な男だったから、この対支新政策の話も四二年春から進んでその年一杯で出来た。その後間もなく外務大臣就任の話を受けたが、自分はこれを断った。当時すでに大東亜省なるものが出来ていたから、外務大臣になってしまえば、対支新政策の方からは手を引かなければならないことと考えたからである。ところが東条は、支那関係についても大きなところは外務大臣にも関係して貰うのだから新政策をやるために来てくれということだったから、これを受けた。

○終戦外交

こうして大臣に就任して自分がやるべきことと考えたのは、対支新政策の推進と終戦ということであった。ところが終戦については、四六時中憲兵の監視を受けているし、又外務省内にもスパイみたいなものを抱えこんでいた様な状況だったから、事を進めるに実に苦心した。自分が本当に腹を打ち明けることが出来たのは内大臣と陛下だけである。重臣を後盾にしようとする案もあったが、色々な背後の勢力がついていたりして当てにならぬ。一般の空気をつくって行くために、実業家の連中などとも接触する機会をつくり、又省内に色々の委員会などを設けたりしたのも、鋒先きはすべて平和の方に向っていたのである。枢密院でも色々困難な情勢を話したりしたが、外務大臣は悲観的なことばかりいう位にしか受けとられなかったようだ。結局木戸内大臣と、宮中は内大臣、外は自分が受けもって事を進めて行くことに相談し、最後は鶴の一声で行くより外はないと肚を定めていた。その時期は、ドイツ崩壊のときということにしていた。というのは、戦争の当初、独伊との関係で単独不講和を持ち出したのは日本である。ところがドイツの方は、手がつけられない。自分は外交の根本は大義名分を誤らぬことであると思っていた。そこで独ツの崩壊する時を待ってやろうと考えたわけである。

一体軍人などというものは、外交を手品みたいに考えている。帽子の中から何でも出せるように何でも出来るものと考える。重慶と話をつけて、支那からアメリカを追い出し、支那と手を握って一緒にアメリカに立ち向うというようなことを真面目に考えているような按配だった。ところで、軍が独ソ和平を頻りにいうようになって来たが、これは一つの進歩であると自分は思った。当時日本では、何かあるとすぐ誰か人を出そうということになった。(近衛さんにスイスに行って貰い今の吉田総理にも相棒になって行って貰おうという話があったこともあるが、「行くとすれば潜水艦ででもなければ行けない。どうして行くのだ」といったら、それでこの話は立ち消えになったようなこともある。)ソ連に人を出すといっても、佐藤という立派な大使がいることであるから、その必要もなかったわけだ。(軍の方では佐藤を罷めさせようとする運動が頻りに行われた。特に海軍はひどかった。これは自分は頑としてきかなかった。)ただ、自分としては、ソ連やドイツに人を出すことは、ソ連の動向を見定め、又独逸の内情をうかがうに役立つ、(ベルリン大使館は、ドイツの不利なことは何一ついって来ないような状況で、大使館の報告は、自分は全然当てにしていなかった)こうして終戦の方へもって行くについて大きな一つの事［手］になると考えた。そこで広田さんに頼んだ。広田さんはそうなんでも引き受ける人ではないが、これを引き受けた。ところが、ソ連は特使の派遣を断って来た。これを三度くりかえしている(ハルの回顧録によると、ソ連は日本側の申出をすぐアメリカに通報していたようだった)。外交はパーシストしなければならないものと思う。又ソ連の方から拒絶されても、自分としてはその都度測量していたわけだ。ソ連の外交は、実に合理的でソロバンではじいたように出てくる。

次にドイツの打診だが、独ソ和平というような機微な話は、日本の出先にやらせるわけには行かなかった。ところが南京で同僚であったスターマーはよく話の判る人だったので、これを通じて試みはしたが、結局ものにならなかった(極東裁判のスターマーの証言に出て来ている)。ヒットラーが講和を申し出すことは無理だったわけだ。

日本の方も同様だった。当時日本人は皆本土防衛、一億玉砕論者だった。それだけ和平の話は困難だったわけだが、ソ連と話をつけることには軍のみならず、久原房之助や転向組に近いような者までが頭を出して来た。又幸なことにソ連をプロヴォックするような言説も出ていなかった。そこで、自分は、ソ連を引張り込むためには、何か利益をつかませなければならぬということで、いろいろ考えた。尤も自分は、ソ連がテヘラン会議に出たとき、ソ連は頼みにしてはならぬと見切りをつけた。

そこで、次はマドリッドでやろうと思った。当時マドリッドには、イギリスのサー・サミュエル・ホアーという保守党の有力者のが大使として来ておる。又ロイターのチャーンスラーがおり、この人達を自分は少し知っていたので、話の相手にすることが出来るかも知れないと考えた。又自分［日本］の方は須磨弥吉郎という有能な人が公使でいたので、これに電信をやった。ところが、まことに残念なことに、須磨は全く意見を異にしており、「少し我慢すれば欧州の方もドイツの大勝におわる」ということで強く断って来た。こちらから打つ電信は自分かぎりで出せるが、向うから来る電信は省内に配付されるので、この時は実に困った。あとで誤魔かしの電信をやったりした。

こうして、結局東京にいる中立国の代表を通ずる外ないと考えた。これにはヴァティカンの代表、スイス、スエーデンの公使が一応考えられた。ところで、スイス公使はそういう人物でないと自分は見ていたし、ヴァティカンの方も、趣旨には賛成するだろうが余りフィロソフィカルに取扱われても困るというわけで、残るところはスエーデン公使のバッゲに頼む他ないと決心した。

バッゲは、九年も日本にいて、日本に非常な好意をもっていた。このバッゲとは、昌谷フィンランド公使が懇意で、私的会談を重ねて相当突込んだ話をしていた模様だった。その他、これは少し後になるが、鈴木文四朗もバッゲを知っており、自分に和平の話を持ち込んだことがある。ところが、バッゲが急に帰国することになって、自分のところに挨拶に来たが、その時バッゲは、「この立派な日本をつぶすことは惜しい。日本は速く戦争を熄めなければならない。そのために長年日本にいた自分としてなにかなりとお役にたつことが出来たら何でもしたい」といった。これに対して、自分は、初めは、「戦争は心配要らない」というようなことをいったが、バッゲは泣いて誠意を披瀝したので、自分も「実は戦争は駄目なのだ。それは自分が一番よく知っている。それでは、君に何か方策があるか」ときいたら「帰国したら何か連絡がつくに違いない」ということだったので「それでは君に頼む。ただ絶対に他に洩れぬようにしなければならぬ。他に洩れたら話は全部こわれる。電信はよこすな。スエーデン公使の岡本に話して貰いたい。そして話が具体的になって来たら、在京スエーデン公使に電報してくれ」と頼んでおいた。その後間もなく内閣が更迭して、自分は追い出されてしまった。この時は、自分を解任しておいて、後任者を二、三日置かないような乱脈な状態であった。自分は、住む所もないしするので、すぐ日光に行ってしまったから、自分から東郷にバッゲのことを引継ぐこともなかった。その後岡本から、バッゲの方からの照会があったということで、後の大臣は前大臣と同じ考えかときいて来たのに対し、あの話は前の内閣のことだからドロップしてくれと同訓している。東郷は前々からロシア関係を改善しなければならぬと強く言っていた。こうして愈々ソ連を通ずる工作に変って行ったわけである。

六月九日の御前会議で、玉砕説のラインの決定がなされた。これには内大臣は驚いた（どうゆうものか、外務大臣と内大臣の連絡がなかった）。そこで内大臣から陛下に申上げて陛下の思召しを受けて、内大臣から総理に対して、和平のことを真剣に考えなくてはいけないではないかといったところ、総理は「自分もそう思っているのだが、米内が強くて仕様がない」といい、米内に同じことを内大臣からいったら、米内も「自分もそう思うが、鈴木さんが強い意見をもっているので」というような話だった。この辺は木戸日記に出ている。こうして度々宮中から催促を受け、結局七月初めに近衛を特使としてソ連に出そうということになった。この近衛という人選は、結局どこから出たかはっきりしない。恐らく、木戸や東郷からではなくて、軍からだろう。近衛さんはその前に（広田、マリク会談の頃）マリクとも会っていた。自分にも一緒に行ってくれといったこともある。

広島に原爆が投下される一両日前木戸に会ったが、木戸と自分の間には、前の話もあったので、木戸は、その約を果したような気持でソ連との話合進める段取になったことに大いに得意そうであった。そして、ソ連から返事が来るだろうかと聞いたので、自分は、「返事は来るだろうが、その返事は君達が予想しているのと凡そ反対のことが来る」と答えたことがある。

東郷は、ソ連が参戦でもしなければ軍部は終戦に同意しないだろうからと言うので、ソ連の参戦を覚悟の上でソ連に和平の仲介を申出たわけではないと思う。

近衛は、ゾルゲ事件以来ソ連に対しては戦慄するような気持をもっていた。それが、ソ連行きを引き受けたのは、ただ飛び廻っていたい気持からだったであろう。近衛という人は矛盾だらけの乱脈な人だった。

鈴木さんが組閣の当時から終戦の肚であったといっても、客観的に見れば、それと反対なことをしていることは否定出来ない。議会の演説でも、終戦の肚があれば、行間にそれが読みとれるのでなければ嘘だ。ポツダム宣言を黙殺するといってしまってはお話にならぬ。結局無識のいたすところで、大智とまではいかなくても、中智位はなければ何にもならない。

小磯内閣はみょうひん［繆斌］工作や対陸軍関係の行詰まりだけで瓦解したのではなく、そもそも初からナンセンスだった。三月事件や満洲事変の発頭人であった小磯、二宮、建川、松井、橋本というような連中の寄り合いであった。木戸も小磯だけにやらせてはどうも危なっかしいと考えて、米内を介添役につけたわけだ。やらせて見たが、やはり小磯内閣は駄目ということになり、木戸や自分らが鈴木貫太郎さんを出す工作をやり、鈴木内閣は出来たが、自分は除かれてしまった。

○再軍備問題その他

再軍備の問題は、結局「方針」の問題でなくて、「要領」の問題である。再軍備は、国家としてなすべきものなりや否やという「方針」の点については、問題ない。国家に主権がある以上、危害を加えるものに対して反抗する権利があることは当然のことで、スレイヴならばいざしらず、自衛権はクリミナルにもある。自衛権があれば、これを行使する手段もあるべきはずのものである。憲法もさういう見地から解して行けばいい。一体人格権があるから憲法と「いう」ものもあるわけである。

再軍備問題の根本は、日本国を保存するかどうかということである。占領当初一部に軍政がしかれようとしたとき、自分は、それは日本政府の主体性を認めておるポツダム宣言違反であると主張して止めさせたことがある。日本の軍隊は、ポツダム宣言の条項に従って無条件降伏したが、国家としては、ポツダム宣言というものが出てその条件を受諾したのであって、無条件降伏したのではない。これはアメリカ政府の当局者であるハルやバーンズも、その著書の中ではっきりいっている。

再軍備問題は、フィロソフィの問題であると同時に、いざやるということになれば、高度の政治問題でもあるわけだ。これについては、当然、諸外国の対日感情とか、国民感情とか、色々な面を考え合わせてやって行かなければならない。これは、「要領」に属することだ。

中立などということは、一時代前の考えだ。世界は動いている。現在の共産主義と民主々義との争いに対しては、中立の余地はない。共産主義は戦争一色ではない。平和もその手段であって、ソ連はその間の使い分けをする。「第三次世界戦争」という言葉にとらえられてはならない。そういう「戦争」は、当分ないと判断するのが常識だろう。しかし「戦争」が無いからといって安心することは間違いだ。ソ連が態度を緩和すれば、民主主義の方も相当これを受けるだろう。しかし、アメリカもその手には乗らないだろう。従って、形勢は、まだまだ複雑緊迫化の方向に進んでいくと思わなければならない。ソ連には根底において和解出来る素質がない。話せば判るのはデモクラシーにのみ通ずる考え方である。

「日本外交の過誤」に関連する佐藤大使の所見

（昭和二十六年五月七日――　藤崎記）

この書きものは、よくできているし、よい思いつきでもあると思う。その内容について、別にどうかと思うような点もない。先輩の話を聴いておくというのも結構なことで、殊に例えば有田などのような中枢の地位を永く占めていたような人達には、生存中にしっかり泥を吐かせておいたがよいと思う。

○外務大臣時代

私は、かねがね、外務省に厄介になって満三十年になったら、後進に途をひらくために、罷めようと思っていた。その満三十年目の昭和十年十一月に広田大臣宛にいつでも呼び返してくれといってやった。これに対して一向返事をよこさなかったが、有田大臣の時になってから、昭和十一年暮近くになって「あなたのような人は置いておくのが本当だろうが、人事も行き詰っているので、そういうわけなら帰って来てくれ」と鄭重な私信でいって来た。年が明けてから、ゆっくり船で帰って来た。昭和十二年三月二十日東京に着いたが、その晩小幡さんから電話で明朝東京クラブで会いたいといって来た。そして同日午后議会で林総理に会った。その際杉山陸軍大臣を呼んで貰って二時間ばかりしゃべった。そして私の考がこれらの人に容れられたから大臣就任を受諾した。

元来私は、外務省の者は大臣になってはいけないという考えだった。というのは、外務省の者は海外に出ている期間が多いので国内に地盤を造るひまがない。従って内閣に入っても伴食大臣になってしまう。外務大臣は、どうしても閣内に重きをなすようでなくてはいけない。自分はペトログラードで本野大使に八年余も仕えて、実に珍しい立派な外交官だと思っていた。ところが、その人が外務大臣として桂内閣に入って味噌をつけて結局後藤に追い出された形になってしまった。（しかし現在は違って来た。軍というものがなくなったし、又昔のような政治的なビューロークラシーもなくなった。今後は外務省の人も色々な方面に発展して国民を指導して行かなくてはいけないと思う。）

他面、私は外務省の者は、誰も受ける者のない場合に責任を回避することは出来ないと考えていた。それで大臣就任を受諾したわけである。

当時は満洲事変が起きてから六年経っており、支那との関係は相変らずごたごたしていた。このままうっちゃっておくと国民政府は馬鹿にならぬ。これと戦っておると飛んでもないことになるというような気がしてならなかった。支那やソ連とも友好的交渉によって　平和を確保して行かなくてはいけないと考えた。そこで大臣に就任すると直ぐ南京政府との交渉の下準備にかかった。当時は自分の議会演説がすぐ右翼や軍部から叩かれたような時代であったが、亜細亜局長の森島守人は非常によくやってくれた。陸軍の軍務局長は後宮、軍務課長は柴山という人だった。いずれも頭のよい話の判る人だった。森島が満二カ月かかって陸軍の方も海軍の方も説きつけて、いずれもわれわれと同意見となった。そこで出先を説得するため陸海外三省の代表者が上海を振り出しに各地を廻ったわけだが、新京に入って馬を壁に乗りつけた。時の関東軍参謀長は東条だった。三省代表が三日間関東軍の参謀とやり合っている内に六月三日林内閣が総辞職して自分も退いてしまった。その後をついだ第一次近衛内閣の外務大臣は広田であったが、広田に対しては二時間もかかって事務引継をした。ところが、その後の三十月［日］位というものは、自分の向っていた方向に何もしていない。そのうち七月七日の蘆《ママ》溝橋事件が起った。

こういう平和工作は果して成功していたかどうか判らないが、南京の方もいざこざには厭き厭きしていたようで、南京の方から、自分のところに虚心胆懐に交渉の用意ありというような使も来たことがある。だから解決し易いようなものから懸案を一つ一つ片付けて行ったなら、ある程度成功の可能性はあったかと思う。

○在野時代（内大臣から意見を徴されたことについて）

昭和十二年の秋、大臣を罷めてしばらくたってから、突然湯浅内大臣から呼ばれて松平康昌氏と三人だけで食事をしながら話したことがある。湯浅内大臣は、悲痛な顔をして「この事件はこれから一体どうなるだろうか。なんとかしてこれを切り上げる方法はないか」ときいた。私としては、引退している身に対してこの種の質問をうけて意外に感じたが、大体次のような趣旨を答えた。

「自分に妙案があるわけはない。しかし、かりにこれを解決する余地が残っているとしたら、日本は思い切って北支から撤兵することだ。近衛総理は、支那に対して領土的野心なしといっているが、それを実地にやったらどうか。しかし、それには日本政府としてもそれ相当の安心を得なければならない。それには次の四つのことが考えられる。

第一は、蒋の抗日侮日の政策を根底から改めて貰うことだ。事変の根本原因もここに在る。従って、これが改められるのでなければ徴兵の根拠が出来ない。

第二は、日支の経済提携である。

第三は、支那が防共協定に参加することである。私は防共協定ができたときは、その時期と結ぶ相手方が悪いというのでこれに不賛成で、巴里からかなり手強い電報を出したこともある。しかし、協定そのものは、共産勢力に対抗するものとしてよいと考えていた。

第四は、支那に満洲を放棄して貰うことだ。支那としては、面子の上で苦しいことだが、実際上満洲は、支那としてどうにもならない状態になっていた。日本としては、満洲と一緒にならなければ生きて行けないという関係にあった。それには支那が満洲に依然として権限を持っていることは邪魔になる。実は支那の方からも満洲は放棄する肚があることをチラチラ知らせて来るものもあった。

以上のような筋のことを支那に公然と申込む。世界に発表しても日本の言い分は、無理でないと諸外国人も考えるだろう。いつまでも事態の解決を欲しない支那側の方がよいか、日本の主張が妥当かということになる。又国内的にいっても、泥田に馬を乗り入れたようになっている陸軍は絶対反対ということはあるまい。いずれにしても、これを右の方向に説きつけねば事態を収めることは出来ない。それには先ず政府がその決心をしなければならない。

ここで申し上げたことは、自分としては外務大臣にもいわなければならない」

そういうわけでその翌朝広田に会って「君にその手をうって貰いたい」と説いたが「上海でも陥ちたらそういうことでもやるのかなあ」というような調子で、余り乗気を示さなかった。

湯浅さんは、右の話の間一言も批判しなかった。その後暫くして宮中で出会ったとき、そのことに触れて「余程困難が伴いますのでねえ」といっていた。

○外交顧問及び駐ソ大使時代

東郷としては、友人に傍にいて貰ったら心強いというような気持でもあったろうか、川越茂と共に東郷の外交顧問になった。その時分に大東亜戦争が勃発したわけだ。別に諮問を受けるわけでも何でもなかった。開戦の二日位前と記憶するが、東郷にあって「日米交渉については、最後まで望を捨てないで最善の努力をして貰いたい」という趣旨の意見を述べたところ、東郷は「自分としては出来るかぎりのことはやったつもりである。そういうことならば、これ以上は諸先輩に後をお願いする外ない」と答えた。「そんなことをいって貰っては困る」といってなだめたが、座が白けてしまったことがある。その後暫くして東郷から出し抜けに「建川から身体の工合が悪いので、帰してくれといって来ている。その後にいってくれ」ということだったが、私は、この老骨の出る幕でないといって、冗談にまぎらした。ところが、それから二週間位あと又、どうしてもということだった。しかも漁業条約の期限が三月で切れるので出来るだけ早く行って貰いたいということだった。私は、「君は真面目なのか」と訊いたところ、東郷は「冗談なんかいってる時期ではないではないですか」というわけで、さきにもいったように、責任を回避するわけには行かないから、これを受け、二月二十八日に任命され、三月十一日に発った。

発つ前に最後に東条に会った。この際自分から「ロシアに行ったって何にも出来ない。出来るだけ中立条約を引っ張って行く、それ以上有利な状態を造りだすことは、出来ない相談だ。次に日本からソ連に対して手を出さないことだ（当時戦状［況］がよくてソ連撃つべしとの論も相当強かった）。これだけのことを了解して貰いたい」という趣旨を述べ、東条から、対ソ攻撃云々の点については安心して貰いたいという話だった。それから、私は「素人だけれども、日本はこれまで、今度のような割の悪い戦をやったことはないと思う。日本は如何に鯱立ちしてもアメリカの咽喉元を絞めるわけには行かない。ところがアメリカの方は日本に対してそれが出来る」といった。これに対して、東条は苦い顔をして「必ずしもそう思わない」といったので、「それはどういうわけか」と反問したら、「例えば米国内でも世論がまとまっておらない。日本人もおれば独逸人もいる。これらに手を廻せば、何か打つ手もあるだろう」といった。これは、無準備で試験に出た学生の答案のようなもので、馬鹿馬鹿しい素人論だが、自分はウンともスンともいわないで帰った。

これまでの駐ソ大使は、一年半かそれ以下で代っているので、自分も大体任期一年半と見当はつけていたが、出来れば二年いたいと思った。大東亜戦争を遂行するについては、どうしても南方に不敗の体勢を整えねばならない。それが出来るものならば、二年もすれば出来るはずだ。その間、ソ連を引っ張っておくことが自分の使命だと考えていたわけだ。

二年の間は、先ずコワモテで行くことが出来た。三年目になったら日本が急速に左前になって来た。そこでロシアを引っ張って行くには、どうしても何か餌を食わせねばならないと考えた。ソ連からは北樺太の利権の問題を頻りにいって来ていた。この問題は、中立条約締結の際松岡がコミットしたことだが、その後スメタニン大使に何度も催促されて、三カ月のうちに前約を果すという一札まで入れておった。私は「どうせ北樺太には輸送［油槽］船も入らない状態である。漁業条約さえ何とかなれば、石油利権の方は解消してもよい」とクィヴィシエフに着くとすぐからいっていた。三年目になってから、やっと具体化して、三、四カ月の交渉を経て、日本としてはポーツマス以来の利権を返したわけだ。一体大国ソ連が外国に利権をやっているのは、この日本の石油利権だけであって、ソ連からいわせれば不愉快なことだったに違いない。

私は、日本国内ではこの返還を非難するだろうと思っていたところ、新聞などは例外なくこれに賛成するという風だった。又枢密院で石井さんが「近来の外交でこれ程機宜に適したものを見たことがない」といわれたことを後で聞いた。

それ位、ソ連との関係を憂慮していた。ところが、軍部は、ソ連の嫌がるようなことをさんざんやって来たくせに、何故かソ連に対して甘い考えを持っていた。（建川が大橋から駐ソ大使任命のことを告げられて飛び上って欣んだということだ。「俺が行ってモロトフの肩を一つたたけば」というような気持だったが、いざ行って見ると何にも出来ず、神経衰弱になってしまった。）ソ連に頼み込めば何かやってくれるだろうと思っていた。戦況が悪くなるとやれ特使を出せというようなことになった。佐藤は、中立条約一点張りでそれ以上のことは出来ないというわけだ。その特使には久原とか重光とかいう名前も出た。

この特使派遣はソ連から断られたが当り前のことだった。ソ連を通って西欧を廻って来るというような虫のよい見当外れの者［考］を初めは持っていたが、後ではモスコーだけでもということになったけれども、これも蹴られた。ソ連がこんなことを受けたら、アメリカの援ソ物資にすぐ影響する。アメリカの意向を気遣わねばならないソ連が日本の申出えお断るのは始めから判り切ったことであった。

四年目になって、もういけないと思った。ヤルタ会談のことは心配だったが、ここで出来た密約のことを嗅ぎ出すことは出来なかった。バーンズはその著書で、日本側はちょう報網を持たなかったようだといっているが、またすぐその後で、相手方の情報はなかなか得られないものだと断っている。ゲペウに縛られていた当時の状況の下では、ちょう報というようなことは出来る筈がない。そんなことをやろうとすれば、どうせ向うのスパイと交通する外ないことになる。

ソ連としては、日本が参ったら何でも取り返すことが出来るという気持になっていた。とことがそういうソ連の気持にはお構いなしに、広田マリク会談なるものが行われた。この会談については、私の方に一言反《ママ》句も知らせがなかった。七月十日にはじめて経緯を知らせて、ソ連外務省当局に対するとりなしを命じて来た。この会談では、日本側がすっかり泥を吐いて手の裏を見すかされた位がオチであって、あの際貴重な一カ月を空費したことは、承伏出来ない。私が訓令を執行してモロトフに面会したときも彼はせせら笑った調子で揶揄されて引き下がった。

○終戦後

私は昭和二十一年五月三十日に日本に帰った。二週間ばかりして内奏した。その後十日ばかりして又お召しがあり、レコードをとるために侍従長だけ混えて陛下に拝謁した。陛下から「終戦当時の事情を知っているものは私一人になってしまった。（大部分は戦犯になったりなどしていた）。この際お前に聞かせておく、広田マリク会談で一カ月を空費したことについては、お前のいう通りだ。しかし、あの時代には、どうしてもそれを経なければ次の手がとれなかったのだ。」という趣旨のお話があった。

○その他

日本の軍部でも、幼年学校出が一番始末が悪かった。私は、今のロシアを非常に憬れている。日本の歴史をくりかえしているように思う。それは、幼年学校を沢山つくっているからだ。共産革命当時はモスコーには浮浪児が一杯いた。ところが第二次大戦の際には一人も見つからない。これは、社会制度の所為もあろうが、幼年学校に吸収したこともあると思われる。ソ連は、恐ろしい数の幼年学校をこしらえている。その生徒は身なりも整い、規律正しくしているが、領土の広さでも、あるいは、文明のすべての方面でも、ロシアが一番だという式のことを教えこまれておる。彼等が育っていった将来のソ連は、どういうことになるか心配に耐えない。

「日本外交の過誤」に関連する林久治郎大使の談話

（昭和二十六年五月三十日　日本倶楽部において――　藤崎記）

○日本の外交は、明治の頃まではよかったが大正の初め頃から誤って来た。小村侯は実に偉いステイツマンであったが、外務省はこのままで行くと二三十年後には困る時期があるかも知れないといわれたという話を伝え聞いている。それは人がなくて困るという意味のことだったらしいが、それほど先まで見ていたのなら、何故手を打ってくれなかったかと思う。

吉田総理もそうだが、自分などもわれわれは外交官ではなく外交家だ、ステイツマンだというような生意気な気持で一向役所の仕事を覚えなかった。外交官というものは結局テクニシャンである。その意味では今の人はよく出来ると思う。

大正十二年に山本内閣が関東震災でつぶれて清浦内閣ができたとき、清浦首相は同じ熊本県出身の藤村義朗を外相にしようとした。ところが外務省の幹部は挙げてこれに反対した。そのため結局実現しなかったが、われわれはこれを外から眺めていて、これは間違いだと思った。日本も民間から外務大臣をとるような国にならなければならぬ。藤村という人は問題にならない人だったが、ともかく外交官とステイツマンは違う。
○小村さんは、金ずかい《ママ》のきれいな人、上手な人だった。彼にかわいがられた島川という男は、実に機略あり、魅力のある男だった。日本がロシアと戦争している最中、支那でロシア人の女を手なずけて、これから情報をとるような芸当のできる男だった。内田さんの下で北京で活躍していた時分、内田さんは毎月五千円の機密費を何もいわないで島川にそっくりやっていた。内田さんは、こんな金の使い方を小村さんに学んだのかも知れぬ。
○われわれの若い頃は、帝国主義謳歌の時代だった。ポール・ライニシュという人の帝国主義論を読んで感心した。この人は、その後同じ大学の関係で、ウィルソンに上げられ、駐支公使になった。あの時代にウィルソンが帝国主義をしりぞけたことは、彼が偉かったことを示す。
　しかし、昔の日本の国際信用は大したものだった。自分のロンドン時代に、イギリスのある新聞人から「日本の外交には、信がおける。日本の外務大臣のいうことは信用できる」といわれて、有難い国だと感激したことがある。
○軍の堕落は、昭和の初め頃、その勢威が地に落ちて、何とかばん回しなければならないとして焦ったことから来ている。内部では下剋上の風がおこり、外には、トラブル・メイカーになった。軍規の弛緩はひどいものだった。団匪事件の際の日本兵というものは、諸外国人を讃嘆させたものだったが、その時分のことを知っている外国人は、済南出兵の際の日本兵を見て、その変わり様に驚いていた。
○日本の対満関係を困難にし、従って又満洲事変の遠因ともなった一つの重要な因子は、何といっても張作霖を爆殺したことであると思う。この爆殺事件の前に、自分は土肥原や秦と対満政策について懇談したことがある。土肥原の方は張作霖に嫌われており、従って自分の方も張作霖を嫌いになっていた。楊宇霆も駄目だという。秦の方は張作霖も楊宇霆も知らないのだが、とにかく両方とも日本に快くないということだし、学良の方には荒木という元日本陸軍の将校だった人が護衛隊長としてついておって、この方は悪くないということだから、という程度の話だった。自分はそんな薄弱な理由で張作霖をしりぞけようとしたりすることは、いかにも危っかしい話だと思い、その場では直に賛成しかねるということをいっておいた。

爆殺事件の直後に村岡長太郎という軍司令官が学良に会って、日本軍はあなたを保護してやるといったら、学良が涙を流して喜んだという話が当該［時］新聞に出たことがある。可笑しな話だと思っていたが、その後学良の秘書をしていた王家禎から聞いたところによるとこの会見の帰りの車の中で、学良が王家禎に「今日何故自分が泣いたか判るか、自分の父を殺した者に対して頭を下げなければならない不甲斐なさ、父に対する済まなさからだ」と話したという。父を殺しておいてその子が心から協力するだろうなどと思うのが初めから馬鹿げ切った話である。

○満洲事変の勃発する直前に自分は日本に帰って来て満洲の事態がただならぬことを説いて廻ったが、どうも皆ピンと来ない様子だった。当時満鉄総裁として赴任したばかりの内田康哉氏も、林はアラーミングなことをいうと片付けてしまっていたようだった。愈々事変が起きてから東京に帰って来て見たら、政府当局者はただ途方にくれている。政府が金を出す、つまり予算を通しさえしなければ、軍事行動が出来なくなる。現に、満洲事変の当初、軍は金に困っていた。満鉄から三百万円借りたりした。これを政府も黙認している。満洲事変を止めたかったら、なぜ金を出すことを拒まなかったのか。又軍の過激派の主な者を何人か馘《クビ》にしたら、軍を反省させることも出来た筈である。大臣が四五人位殺される覚悟でかかったら、いずれも出来ない話ではなかった。ところがそれだけの勇気がない。幣原さんもただ困っているだけ。幣原さんという人はすべて常道で行くというたちの人で、いわば策を好まなかった。しかし満洲事変について幣原さん以上に責任のあるのは若槻総理である。私が満洲から帰って会ったときにはすっかりやつれてしまってどうしたらよいだろうと弱音を吐いているだけだった。その前官邸の廊下で寝たりして疲労してはいたらしいが。その当時一番しっかりしていたのは川崎卓吉であった。

　牧野さんに会った時、牧野さんが「井上大蔵大臣を知っているか。あれは、この頃強くなったよ」いわれた。井上という人は、元来強い人ではなかった。前から知っていたので会って見たら、牧野さんのいう通りで、「軍と戦わなければならぬ」といっていた。彼の民政党内における地位も高まっていた。彼が殺されたのも強くなったからだ。

○広田は、私的な友人関係では、実に立派な男だった。ニコポンをやらないで、それをやると同じに人をひきつける魅力をもっていた。しかし、公人としては、罪が深い。自分がブラジルから帰った時、陸軍大臣現役制のことで文句をいわう《ママ》と思って、君に話があるといったら、初めから、いや僕が悪かったんだといって、あやまられたので、それ以上議論もできなかった。

○満洲事変が起きたとき自分は国際的に異端視されて大変な目に会わされると予言していたが、不幸にしてその予言が適中した。私が［は］かねがね二十年三十年先はいざ知らず何百年か先には日本と支那は必ず一つになる。そういう運命にあるのだから支那とは出来るだけ仲良くして行かなければならないと考えておった。満洲事変勃発当時には色々な懸案が山積して日支の関係がうまく行っていなかったことは事実であるが、そこは十年でも二十年でも忍耐出来なくてはいけないところであった。

「日本外交の過誤」に関連する芳沢大使の談話

（昭和二十六年五月三十一日――藤崎記）

○ここに書いてあることには大体同意見で、結構だと思う。何事もそうだが、外交も極端に行っては失敗する。過去数十年を回顧すると、この原則を破った感が深い。

○明治三十二年に外務省に入って、半世紀の間というもの、結局軍部のしくじりの尻拭いをやったことが一番多い。明治三十三年領事館補として厦門に行った。当時児玉台湾総督は、厦門を取ろうとして、後藤民政長官を現地指揮者として、一コ連隊の兵を港まで持って来たことがある。東京で伊藤さん達がそんな馬鹿なことをしてはいかんということで止めになったが、私が支那官憲と談判した最初の事件である。陸軍に限らず海軍でもそういうことが好きで困った。

○一体歴史を見ても判る通り、日本は軍人が勢力を持っていた国である。徳川三百年以外は、戦争がたえなかった。そういうわけで尚武の気風があり、そして又実際軍人から偉い人が沢山出た。謙信、信玄、頼朝、義経、秀吉皆然りである。結局悪くいえば日本国民は好戦国民であった。

○明治憲法第十一条の統帥大権、第十二条の編成大権の制度の如きも、根はそういうところにある。伊藤さんが金沢で憲法草案を起草している時分、伊東巳代治や井上毅と共にこれに参画した金子堅太郎さんにこの明治憲法第十一条の規定について質問したことがある。金子さんは、政府はやはり統帥のことに嘴を容れることが出来ないのだと云った。第十二条の編成大権についてもそうであると憲法義解にも出ている。あの伊藤公ですら山県や大山をはばかって、こういうことにしたわけである。

○国家組織がこうであった上に、軍の上の人に統制力がなくなって来たのだから、まるで子供に刃物を持たせると同じ結果になった。極端まで行かぬ内にある程度でおさえるということが出来なくなった。満洲事変の際の南陸軍大臣も、閣議でいったことが、すぐ下からひっくり返されてどうにもならぬ。寺内というような人も、ダラカンで、若い者も、うわべは、たてまつっているが、腹の中では馬鹿にしていた。

○その上に政治家連中の事大主義ということがある。大政翼賛会が出来た時に政党の領袖達は、自分の方から腰を屈して行った。これらの人は現在追放になっているが、それ以上の罰に処せられてよい位の罪があった。永い間封建的勢力のはびこっていたところではどこでも事大主義になるものである。昭和七年の初め頃、犬養首相が自分に「陸軍の統制が乱れている。三十人ばかりの青年将校が団結して軍を牛耳っている。このままにしておいたらどういうことになるか判らぬ。閑院参謀総長宮殿下の御同意を得て陛下に直訴し、彼等を馘《クビ》にしようと思う」と云った。自分は驚いて「陸軍の人事は、陸軍大臣の所管である。(当時の陸軍大臣は荒木で、犬養はこれを信用していなかった)陸軍大臣の同意しない人事を直訴されても、陛下はおとりあげにならぬでしょう」といっておいた。

ところで五・一五事件の翌朝、森内閣書記官長が「総理はいけないよ、こんなことを考えていた」といって、総理が自分にいった右のことを話したので「誰から聞いたか」と尋ねたところ「総理に聞いた」といったので愕然とした。森に話せば小磯などに話すことは判り切ったことだった。何でも森から軍に筒抜けになっていたわけだから、春秋の筆法をもってすれば森が犬養を殺したのだともいえよう。

○ベイティさんの前任者のデニソン氏は日本にとって非常に功績のあった人だった。明治十四年か十五年に横浜の副領事をしていたのを井上外務卿のときに、法律顧問に迎えたわけである。日清、日露の平和条約の案を起草したのは、この人で、その他色々なことで外務大臣に注意を与えたりしていた。この人が「日本人はミリタリーの勇気があるが、シヴィルの勇気に乏しい」といったことがあるが全くその通りである。又昔読んだ本でモダン・ジャーマニーというのに、「ドイツ人は結局ミリタリーネーションである」と書いてあったが、日本人もそうである。陸軍などは、ドイツが好きであった。プロシヤ精神に傾倒していた。そして軍人は、軍のみならず、国民を組織化し、立法府までもそうしようというので、大政翼賛会みたいなものをこしらえたわけだ。そういうわけで戦争は強かった。極端まで行かなければ大成功をしていたであろう。日蘭会商でもまとめておけば、日本も米国に次ぐ強国になっていたかも知れない。しかし、どうにも戦争が好きであるため国を誤った。

○平和条約が出来れば、結局再軍備をやるに定まっておるが、先達てある海軍の将軍と会ったとき「将来日本が再び軍隊を持った場合日本軍は以前のように強いだろうか」と聞いたところ「弱いに定まっている」という返事だった。そのわけは「天皇陛下の軍隊でなくなったからだ」ということであったが、自分は必ずしもそうは思わない。結局頭の置きようで、日本国民の軍隊であることになれば、そういうことでも強い軍隊をつくり得ると思う。どうしても教育の内容を変えて行かねばならない。今度の戦争で負けたことも、長い目で見ればよかったと思う。一度苦杯をなめなければ日本は建て直らないと思っていた。

○小村寿太郎さんは、秘密病といわれた位に秘密主義の人だった。自分は、犬養との姻戚関係があったために犬養に秘密でも洩らすかと心配したらしいことを小村の婿である当時同僚の佐分利から洩らされたことがある。とにかく、外交官は口を用いてはいかん。耳を用いよといっておられた。だから宣伝というようなことはきらいであった。又小村さんは、軍国主義者だった。今の言葉でいえば、集団保障ということになるが、こういうことにも反対で「国家の興亡に関するようなことは、外国と話は出来ません」とはっきりいっておい［っ］た。第二次桂内閣の外務大臣であった当時、外交方針を閣議で定めたが、その一つに、移民は満蒙方面に集中するということがあった。これは一旦緩急ある場合、すぐ引揚げて兵役に服させるというためであった。だからブラジル移民に反対であった。すべて戦争の用意はしておかなければならぬという訳だ。ハリマンの満洲鉄道計画をつぶしたのもそういうところから来ておる。

小村さんが重きをなしたのは、当時政界の最高峰であった山県に《ママ》非常に気にいっており、そのバックがあったからである。宣伝だとか集団保障だとかいわれる今どきの外交とは、まるで反対である。いま生きておったらビックくりしてしまうであろう。

○幣原さんは、その「外交五十年」で満洲事変に至る経緯を軍縮に対する軍の不満ということに重きをおいて書いておられるが、勿論原因は他にもある。遠くまで遡れば、日清日露の両戦役に勝ったのが原因であるといえるかも知れない。巴里講和会議の際、外務省の人が多勢代表団で行ったが、デモクラシーとが［を謳歌し、］軍国主義外交とかいうことを排撃する会議の空気にふれた人々は、平和論者になって帰って来た。そんなこともあったが、状勢が落着いて来ると、やはり日本国民が血を流した満洲を日本国民のための安住の地にしなければならない、ということが根本になって、そういうことから満洲事変のようなものにまで発展して行ったわけである。

リットン報告は要するに、宗主権を支那に与えるという趣旨のものであった。これ位がベスト・ソルーションだと思ったが、軍部は仲々満足しない。遂に国際連盟脱退というところまで行ったわけである。
○太平洋戦争勃発について、ある実業家がこれは外交官の責任であるといっていたが、これはとんでもない見当違いである。東条は、天皇陛下を強要して、開戦のお許しをいただいたのである。これを止めようとしたら、天皇陛下でも危かったであろうと思う。現行憲法で天皇が国政に関与されないことになったのは、皇室の御安泰のために非常によいことだと思う。
○第三次世界大戦が起るか起らないかという問題は、結局スターリンの頭を解剖して見るより外ないが、自分の想像では、戦争はないと思う。世間で一般に行われている戦争があるという議論も、当分はないという議論も、多くは軍備の点から出発している。ソ連のジェット機や潜水艦が優秀であるとか、極東に何百万の軍隊をおいているとか、上陸用舟艇まで用意してあって、ハボマイから根室に上陸するのは何でもない、という類である。こういう話をきくと、いかにも目前に戦争が近ず《ママ》いているかの如く感ずる。戦争がないという説の方も、やはり軍備の比較が主で、原子兵器の発達の程度の相異していること、ソ連は独仏を占領してもこれをコントロールすることは容易でないであろうこと、又現在の衛星諸国が反乱を起すであろうことなどを挙げる。しかし、一番大事な点は、スターリン初めボリト・ビューロウの人々の頭の中は、権勢を維持したいという欲望がプリヴェイルしているに違いない、ということである。いざ戦争をやった場合に、空海軍はかなわないであろうし、いずれにしても、成功する確信は立たぬ。下手すると、現在の栄耀栄華の地位から落ちなければならぬどころか、死刑に処せられるに極まっている。国民の苦労を考えるような人情もなく、又国家の利益を考える奴ではない。自分の権勢を維持することだけが、彼等の関心事である。又、そのうちアメリカの軍備が完成してしまえばもう未来永劫にアメリカと戦争出来ないことになるから、今のうちにやろうとするのではないか、という考え方もあるが、そこはスターリンは決しかねると思う。従来のスターリンの遣り口を見ると非常に注意深く無理なことは決してしない。十二分の確信がつくのでなければ譲歩して来る。昭和七年東支鉄道を譲ってもよいといって来たことはよい例である。四カ国外相代理会議、朝鮮戦線、レイク・サクセス*でやっていることは、みな手である。スターリンは権謀術数学の大博士だ。シベリアに置いてある百万の大軍も、毛沢東をしばっておくためであると思う。もっともアクシデントということもあるのだから、百中百まで、戦争がないとはいえない。あるいは起るかも知れない。日本の再軍備については、第三次世界大戦があるからというのでなく、ただ列国なみにやっておくというだけのことである。

*レイク・サクセス（Lake Success）　レーク・サクセスとも表記される。アメリカ・ニューヨーク州ロングアイランドの場所で、一九四六年から五一年にかけて国連安全保障理事会がおかれていた。その関係から国連安保理、またはその活動をレイク・サクセスと云うことがあった。

「日本外交の過誤」に対する省員の批評

一、第一の責任者は軍であったのだから、そのことをはっきり出すべきである
一、日本の政治経済全般、世界の客観情勢と結び付けて考えなければ、日本外交の功罪についても結論は出せない。
一、外務省の者は、経済についての勉強が足りなかった、調査の機能が弱かったことを反省しなければならない。
一、外務省が、内政上の基盤をもたず、国民と遊離していたことがいけない。
一、終戦についてソ連を利用しようとしたことに対する批判は、酷である。
一、記述が簡に過ぎる。外務省の記録をそのまま取り入れて、外交の机上演習をやるための教材のようなものを作ってはどうか。

付録2　「日本外交の過誤」作業ペーパーについての解説

「日本外交の過誤」（本書で云う「調書」）には、その作成過程で基礎となった作業ペーパーが存在する。この作業ペーパーは、同じく「日本外交の過誤」と題されているが、日付は一九五一年三月付であり、その構成も若干「調書」とは異なっている。すなわち、「調書」が、ほぼ年代を追って主な事柄とその際の外交的対応を述べているのに対し、作業ペーパーは、対中外交、対ソ外交、対南方政策というように、地域毎に一括してとりまとめており、また、おおむね（即ち中国関係を除き）事実ないし経緯に関する部分と批判の部分を明確に分けて記述している。

内容や書きぶりについては、「調書」と比べると、やや専門的トーンが目立つことや批判の部分がいっそう率直であることなどが感じられる。

「調書」は、あきらかに「作業ペーパー」をふまえたもので、ほとんど「作業ペーパー」を踏襲している部分もあるが、若干ニュアンスの異なる部分もある。

ここでは、「作業ペーパー」の「批判」の部分で「調書」と比べて、ニュアンスの異なる部分のうち、特に興味ありと思われる部分を事項別に左記に収録した。（著者）

＊編集部注　本史料再現の方針は「日本外交の過誤」のそれに倣う。

一、満洲事変及び日華事変

前提として次の二つを認めることとしたい。

（一）軍部の政治支配が樹立され、外務省の事変外交は、結果として効果をあげ得なかったこと。

(二) 対華政策の基調として道義を重んずべきであったこと。そして偽りのない平等互恵の日華親善と
　　経済提携を行うべきであったこと。

なお、満洲事変前の行詰った経済社会状態に対し、軍部が国家革新を唱え、中国に対する積極政策によってこれが打開を図ったのであるが、わが国の協調平和的外交によって、列国の同情的考慮が期待され、その改善が実現し得たかどうかは重大な点であるが、この問題は本作業の直接目的とするところでもないので一応問題のまま残しておく。

(一) 軍部強硬派の意図に反する場合、各内閣はクーデター、暗殺等暴力手段によって屈服せしめられてきた。陸軍首脳さえその統制力をもっていなかった。まして外務大臣の地位にあって、軍部の方針に反対しても、最後に押切られているのであって、軍部と協調ないし追随した外務大臣の結果と同様で、外交の根本方針を転換せしめ得たことはなかった。事変外交の方針決定にあたり、外国との摩擦問題とか、大義名分的美辞を付加するとか、閣議で軍部大臣の言質をとるとか、出先に外務省の方針を訓令するに止まった。反対に終始した外務省の大先輩も穏棲して結果においては国家の方針に影響を与え得なかった。外務省事務当局の努力は時に熱烈なものがみられたが、最初から限界を持ったものであった。

中国に対し道義を重んずるとは

1、中国を日本のぎせいにしないこと。

2、中国の領土主権を尊重し、内政に干渉しないこと。

3、中国の経済的繁栄を承認し、これを日本にとって有害ないし恐威《ママ》とみなさないこと。

である。

これは、中国の強国となることを承認するものであり、中国が経済的に発展することを前提として、日

本経済の発展を図るごとく政策を樹てることである。中国が強国となっても、これから恐威《ママ》を受けない程度に日本の国力を充実させ親善提携を図らんとするものである。

同時に中国その他アジアが、英米その他欧米による、不平等な待遇からの解放及びソ連の圧力からの解放を希望することであった。

外務省員として米英に対し、協調平和外交を趣旨とする者が、多数とみられる。しかし「列国との友好関係に留意しつつ、日満支三国の緊密な提携を具現してわが経済的発展を策することを大陸政策の基調とすること」(昭和十一年八月十一日「国策の基準」)「列国との友好関係に留意しつつ、堅実な海外進出策を実現する」(昭和十一年六月三十日陸海軍省次官［次官→決定］)という場合、ややもすると米英と衝突を避け、中国のぎせいにおいて、日本の発展を図らんとするに傾いたことを認めなければならなかった。

……(中略)……

なお外務省員は、このころ(一九三六年末頃——引用者)には本省出先を通じ順次軍部の強硬派に追随協力する傾向をみせていることは、充分反省を必要とする。日華の全面的衝突の情勢は、しだいにかもし出されつつあった。

二、連盟脱退

結果的に見れば、国内情勢は別として、日本は満洲自治を骨子として事態を平和裡に収め、連盟脱退を避くべきであった。当時欧米諸国は一九二九年の大恐慌直後であり、ソ連も第一次五カ年計画の途上にあったため、日本に対し強力な圧力を加え得なかったが、これが却って日本の軍部を増長せしめ日本を誤まらしめることとなった許りでなく、国際連盟をして無力化せしめ、後日独伊の侵出を許すこととなったのである。

日本は国内における軍部の支配のため、国際連盟において屡々その前言を覆えし、また現地における既成事実をもって国際連盟の措置に対抗する結果となり、痛《ママ》く列国の不信を招き、日本の立場を不利ならしめたが、連盟の如き会議外交においては特に大義名分が重要である。今後外交方式として会議外交が益々盛んとなる傾向があるが、この点は今後実力を欠く日本としては特に留意しておく必要があろう。

三、北部仏印進駐に関する日仏交渉

蒋政権に対して圧力を加え、支那事変の解決を促進するということも確かに北部仏印進駐の一目的であったかも知れないが、以上のようなこと（進駐軍の数や使用飛行場の数が、当初仏側に内示したものよりも実際は相当多くなったこと――引用者）を、後から考え合せて見ると、或は軍、殊に、陸軍の謀略にひっかかったのかも知れない。少くとも、結果から見れば、その後における武力南進の礎石となったのである。

外務省がこの交渉を引受けねばよかったのではないかということが問題となる。後でわかったことであるが、北部仏印進駐は、支那事変解決に大して役に立たなかった、《ママ》実際上は、寧ろ、その後における武力南進の礎石となったのであるから、確かにそうも言える。しかし当時我国内で南進論が甚だ強く、北部仏印への平和進駐は、それに若干の満足を与えた。若し外務省がそれにも反対していたら、軍は交渉によらざる無統制な武力的進駐を強行していたかも知れない。

四、蘭印との交渉

買油（及び石油利権）については、松岡外相が不注意にも議会で予期以上成功したと述べた程、我国にとって有利であったし、通商、入国、企業、交通の問題については、蘭印側の態度は一般的に不満足であったが、それでも若干の点については譲歩して来たのであるから、協定を結ぶ方が会商を打切るよりも明かに利益であった筈である。芳沢代表、石沢総領事等は交渉を妥結せしめようとして極力努力したのであるが、中央、殊に軍部は交渉の結末をつけることを遷延し、且つ結局、打切りにしてしまった。松岡外相を始め外交官の一部も軍側の態度に同調した。その真の理由は未だによくわからないが、恐らく、将来を待てば国際情勢が有利に展開し、我方の要求がもっとよく達成せられると考えた為か、或は将来武力解決の口実を残しておく為かの何れかであったであろう。

……（中略）……

この進駐を行えば米、英との戦争必至であるとの見通しをもちながら、何故当初の反対を最後まで堅持しなかったのであるか。やはり欧洲戦争の初期における独逸の戦果に眩惑され、その勝敗についての見通しを誤っていたからではないかと思われる。松岡外相は、三国同盟については積極的責任があるが、南部仏印進駐については、消極的責任ありと言わねばならない。なお、当時外務省事務当局の一部に、軍と連絡、呼応して、この進駐を積極的に支持したものがあったと聞くが、強き反省を必要とする。また、豊田元海軍大将は進駐交渉の既に開始された後に外務大臣に就任したのであるが、進駐の招くべき重大な結果について予想し得なかったということは、素人外相の欠陥を忌憚なく示している。

しかしながら、若し南部仏印進駐を抑えたとすれば、北進論を抑え得ず、而して若しソ連と戦ったとすれば、米の参戦を誘致し、我方は太平洋戦争における以上大損害を蒙ったであろうのみならず、戦後処理についてのソ連の発言を今日以上に有力ならしめたであろう。

五、日米交渉

真に交渉の成立を期したならば、仏印南部進駐は行わず、また進駐後は自発的に撤兵するなど断乎たる措置を講ずべきであった。

要するに当時の日本はドイツの戦勝に眩惑され、その実力を過信し、遠隔の地にあって日本に有効な援助を与え得ない独伊を頼みとして、国力に絶大の懸隔あるアメリカに対し和戦両様の構えをもって交渉すれば我方の主張を貫徹し得るとしたのであって、その根本において重大な国際情勢判断の誤りがあったとはいわねばならない。殊に有効な屈敵手段なしと知ながら交渉打切り即開戦の態度をとったことは、隠忍自重すべき際に事を誤ったといえよう。

しかし政府が右の態度をとったことは一面強硬な国内世論に制約されていたためであり、この世論は多年政府によって醸成ないし黙認されて来たところであって、自縄自縛の感がある。当時正確な国際情勢に関する世論啓発の必要が痛感される所以である。

また交渉継続中政府指導者の矯激な言動が交渉の進展を阻害した例が少くない。かかる機微な外交交渉においては責任者は言動を厳に慎まなければならない。

六、終戦外交

一九四三年一月のカサブランカ会談以後、米英は「無条件降伏」の方針を堅持するに至り、而も、他方、未だ原子爆弾の使用とソ連の対日参戦の無かった時期であるから、我軍部を納得せしめ得るような和平条件は、これを得難く、早急に終戦を敢行せんとせば、或は国内の流血を見たか、又は不成功に了ったかも知れない。しかし吉田茂氏その他少数ではあったが在野の識者が投獄せられるまで終始一貫和平のために画策、奔走し、また、中野正剛氏が東条政権に抗して遂に憤死したことに比し、当時の廟堂に智者はあったかも知れないが、勇者の無かったことを歎ぜざるを得ない。

付録3　「日本外交の過誤」対外重要事件における外務当局関係者

＊編集部注　この「対外重要事件における外務当局関係者」は、厳密には「日本外交の過誤」作業ペーパーの付属文書である。本史料再現の方針は「日本外交の過誤」のそれに倣う。

一　満洲事変

幣原大臣——永井次官——谷亜細亜局長
芳沢大臣——永井次官／有田次官
内田大臣——有田次官——谷亜細亜局長

駐華　重光公使
在奉天　林総領事
在ハルピン　大橋総領事

二　国際連盟脱退

内田大臣——有田次官——松田条約局長
松岡全権

三　ワシントン軍縮条約廃棄通告

広田大臣——重光次官——栗山条約局長

四　北満鉄道譲渡

広田大臣——重光次官——東郷欧亜局長

五　ロンドン軍縮会議脱退

広田大臣――重光次官
- 栗山条約局長
- 東郷欧亜局長

六　日独防共協定締結

有田大臣――堀内次官
- 栗山条約局長
- 東郷欧亜局長

駐独　武者小路大使――井上参事官

七　蘆《ママ》溝橋事件

広田大臣――堀内次官――石射東亜局長

駐華　川越大使――日高参事官

在天津　桑島総領事

八　日独伊防共協定

広田大臣――堀内次官
- 井上欧亜局長
- 三谷条約局長

駐伊　堀田大使――松宮参事官

九　張鼓峰事件

宇垣大臣――堀内次官――井上欧亜局長
駐ソ　重光大使――西参事官

十　ノモンハン事件

有田大臣――沢田次官――西欧亜局長
駐ソ　東郷大使――七田参事官

十一　北部仏印進駐

松岡大臣――大橋次官――西欧亜局長

十二　日独伊三国条約締結

松岡大臣――大橋次官――松本条約局長

十三　日ソ中立条約締結

松岡大臣――大橋次官――阪本欧亜局長
駐ソ　建川大使――西公使

十四　南部仏印進駐

- 松岡大臣 ― 大橋次官 ― 斎藤南洋局長
- 豊田大臣 ― 天羽次官 ― 斎藤南洋局長
- 駐仏　加藤大使 ― 原田参事官

十五　日米交渉

- 松岡大使 ― 大橋次官
- 豊田大臣 ― 天羽次官
- 東郷大臣 ― 西次官
  - ― 寺崎亜米利加局長
  - ― 松本条約局長
  - ― 山本亜米利加局長
- 野村大使 ― 若杉公使
- 来栖大使

十六　対英米宣戦

- 東郷大臣 ― 西次官 ― 松本条約局長
  - 山本亜米利加局長
  - 阪本欧亜局長
- 野村大使 ― 東郷大臣

十七　終戦外交

- 東郷大臣 ― 松本次官 ― 安東政務局長

参考地図１

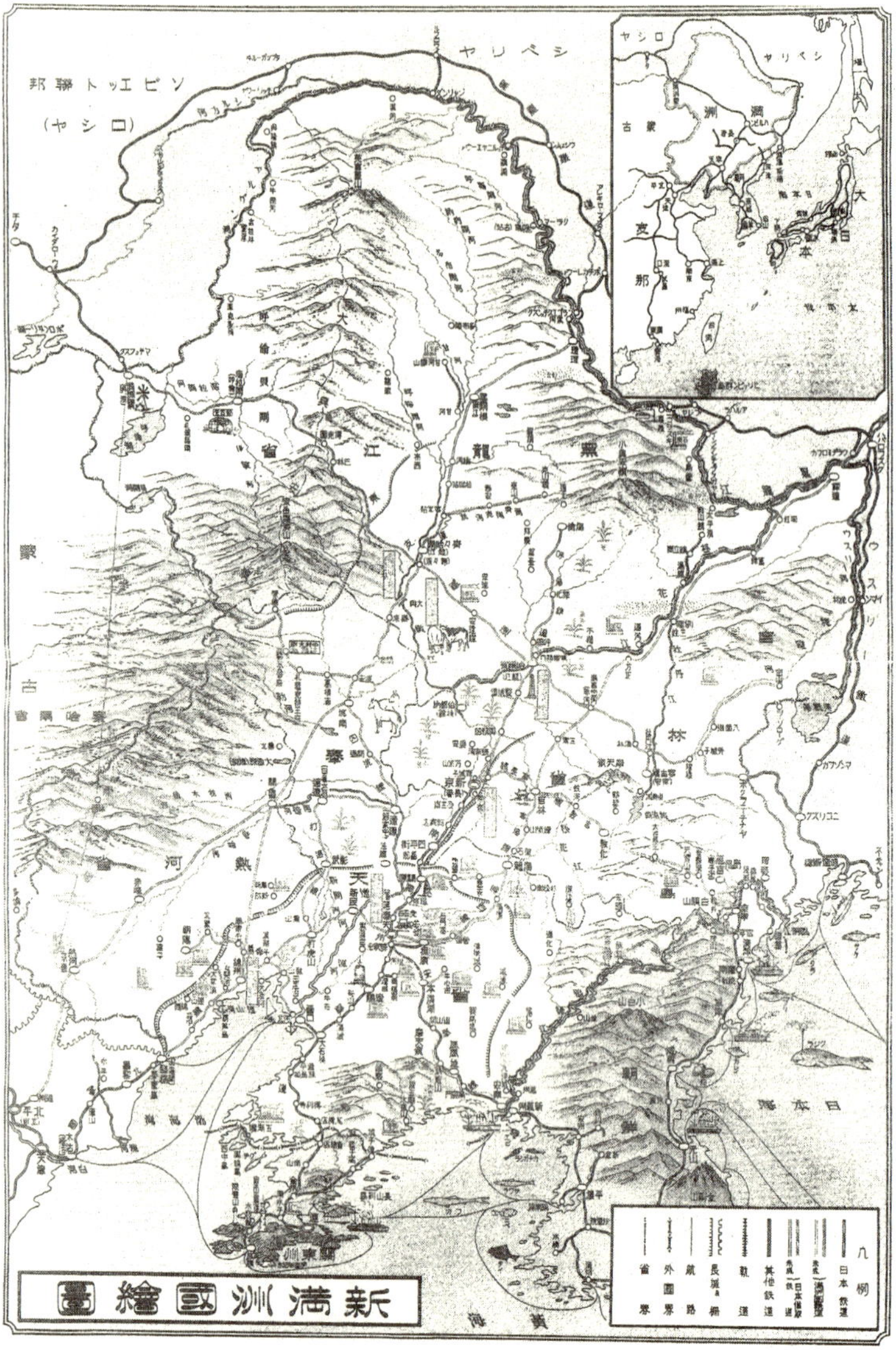

▲満洲国地図（『新満洲国写真大観』大日本雄弁会講談社，1932 年より引用）

参考地図２

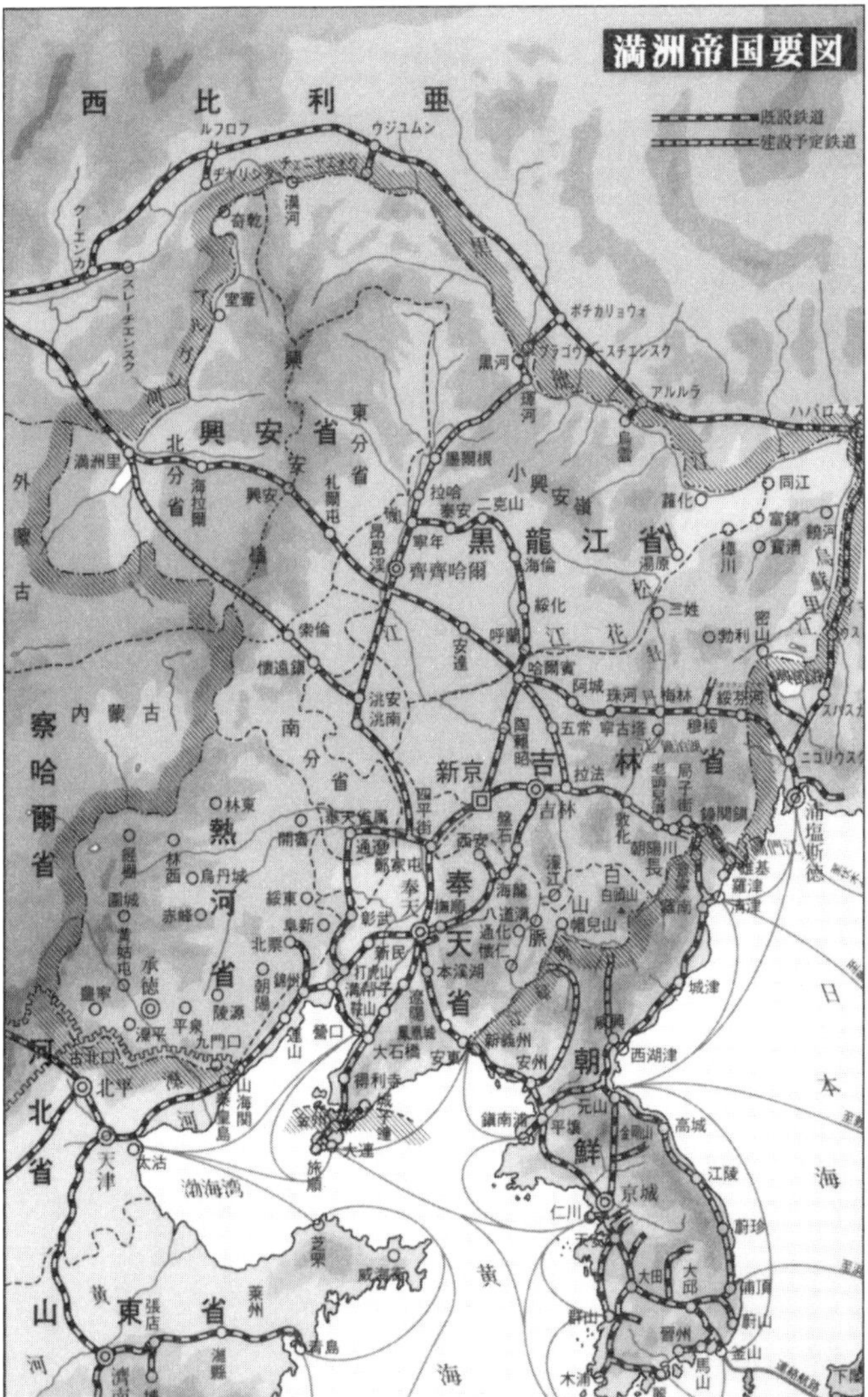

▲満洲国地図（戦前の軍事はがきに描かれたものの復元，太平洋戦争研究会編『図説　満洲帝国』河出書房新社，1996 年より引用）

参考地図3

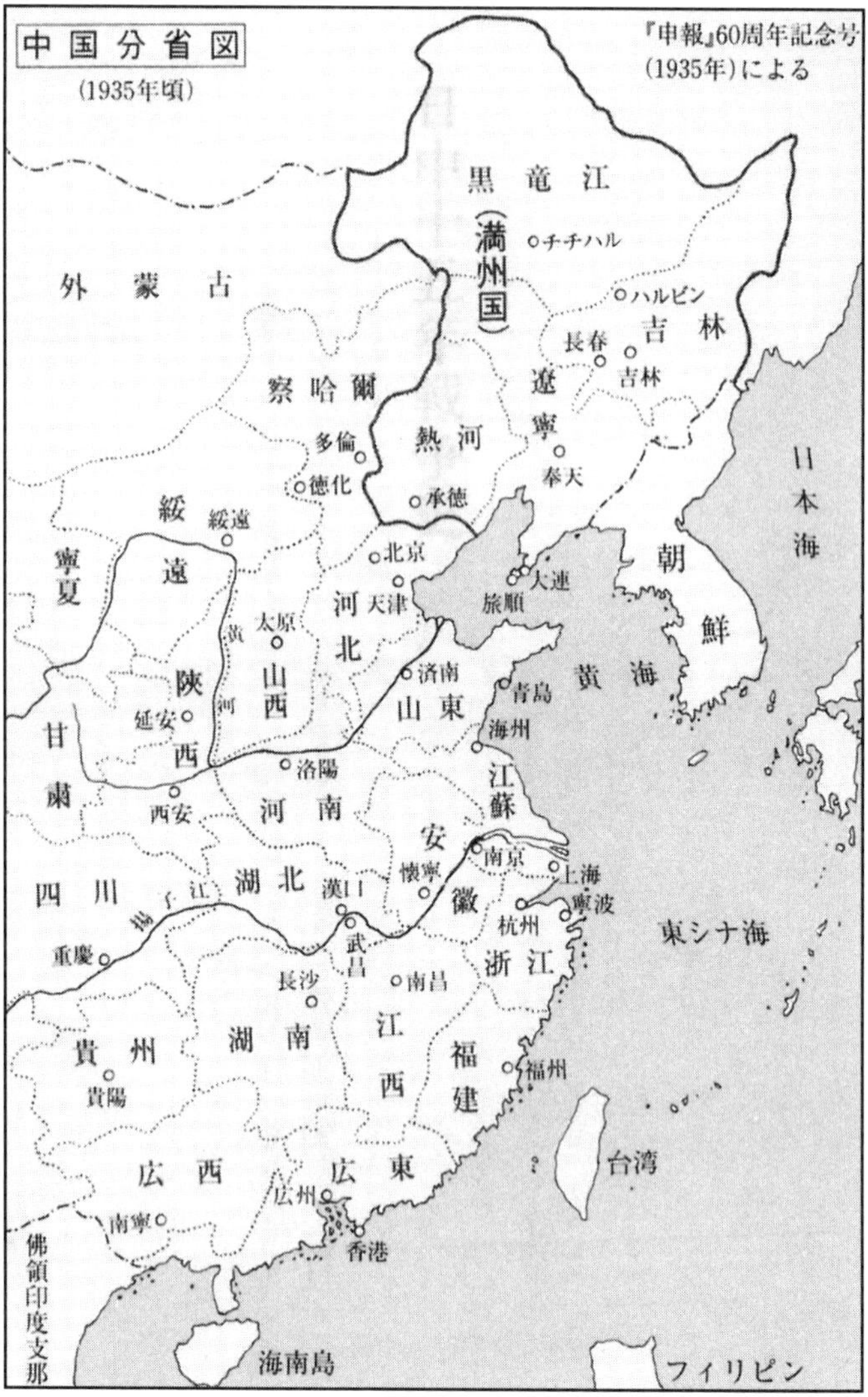

▲1935年頃の中国分省図（大杉一雄『日中十五年戦争史』中央公論社，1996年より引用）

や　行

ら　行

わ　行

た　行

な　行

は　行

ま　行

人名・事項索引

あ　行

か　行

さ　行

著者紹介

小倉和夫（おぐら・かずお）

1938年、東京都生まれ。東京大学法学部、英ケンブリッジ大学経済学部卒業。1962年、外務省入省。文化交流部長、経済局長、ベトナム大使、外務審議官（経済担当）、韓国大使、フランス大使などを歴任し、2002年11月に退任。吉田茂賞を受賞した『パリの周恩来——中国革命家の西欧体験』（1992年、中央公論新社）をはじめ『日米経済摩擦——表の事情ウラの事情』（改訂版1991年、朝日文庫）『「西」の日本・「東」の日本——国際交渉のスタイルと日本の対応』（1995年、研究社出版）『中国の威信　日本の矜持——東アジアの国際関係再構築に向けて』（2001年、中央公論新社）など著書多数。ＮＧＯの活動を評価するための「国際耕雲社」を設立（2003年）。現在、国際交流基金理事長。

吉田茂の自問——敗戦、そして報告書「日本外交の過誤《かご》」

2003年 9 月30日　初版第 1 刷発行©
2004年 1 月15日　初版第 3 刷発行

著 者　小 倉 和 夫

発行者　藤 原 良 雄

発行所　株式会社 藤 原 書 店

〒162-0041　東京都新宿区早稲田鶴巻町 523

TEL　03（5272）0301
FAX　03（5272）0450
info@fujiwara-shoten.co.jp
振替　00160-4-17013

印刷・製本　美研プリンティング

落丁本・乱丁本はお取り替えします
定価はカバーに表示してあります

Printed in Japan
ISBN4-89434-352-5